MÁRCIO FLORÊNCIO NUNES CAMBRAIA

OS JOGOS DO PODER

COMO ENTENDER E ANALISAR A REALIDADE POLÍTICA DE UM MUNDO EM TRANSFORMAÇÃO

MÁRCIO FLORÊNCIO NUNES CAMBRAIA
Diplomata de Carreira, o Embaixador Márcio Florêncio Nunes Cambraia serviu em Montevidéu, Londres, Madri e Roma.
É o atual Embaixador do Brasil na República Tcheca.
Professor de Ciência Política e Relações Internacionais da Universidade de Brasília, lecionou no Instituto Rio Branco.

OS JOGOS DO PODER

COMO ENTENDER E ANALISAR A REALIDADE POLÍTICA DE UM MUNDO EM TRANSFORMAÇÃO

2ª EDIÇÃO

Del Rey editora

Belo Horizonte
2017

As opiniões emitidas neste livro são de responsabilidade do autor e não refletem posições do Ministério das Relações Exteriores e do Governo Brasileiro.

Impresso no Brasil | Printed in Brazil

As opiniões emitidas neste livro são de responsabilidade do autor e não refletem posições do Ministério das Relações Exteriores e do Governo Brasileiro.

EDITORA DEL REY LTDA
www.delreyonline.com.br

Editor: Arnaldo Oliveira

Editor Adjunto: Ricardo A. Malheiros Fiuza

Editora Assistente: Waneska Diniz

Diagramação: Alfstudio

Revisão: RESPONSABILIDADE DO AUTOR

Capa: Alfstudio

Editora / MG
Rua dos Goitacases, 71 – Loja 24A – Centro
Belo Horizonte-MG – CEP 30190-909
Comercial:
Tel.: (31) 3293 8233
vendas@editoradelrey.com.br
Editorial:
editoraassistente@editoradelrey.com.br

C177j Cambraia, Márcio Florêncio Nunes
Os jogos do poder: como entender e analisar a realidade política de um mundo em transformação. / Márcio Florêncio Nunes Cambraia. 2. ed. Belo Horizonte: Del Rey, 2018.

VIII + 156 p.
ISBN: 978-85-384-0514-6

1. Teoria dos jogos. 2. Teoria política. 3. Ciência política. 4. Estratégia política. 5. Teria dos sistemas. I. Título.

CDU: 32

AGRADECIMENTOS

O autor agradece o apoio de sua mãe D. Regina de Castro Nunes Cambraia, do Cônsul Honorário Luiz Augusto Guadalupe e do Cientista Político Márcio Rodrigo Nunes Cambraia.

Agradece ademais a revisão e as sugestões do cientista político Márcio Rodrigo Penna Borges Nunes Cambraia.

ÍNDICE

INTRODUÇÃO

O presente trabalho tem o escopo de apresentar aos estudantes de Ciência Política e Relações Internacionais alguns instrumentos básicos para a análise política. Este estudo também poderá ser útil para diplomatas, analistas de órgãos de informação e militares que se dediquem à estratégia. Poderá ser de alguma ajuda, também, para parlamentares e seus assessores, líderes político-partidários, membros de consultorias, jornalistas e administradores públicos. Ademais, tem a ambição de suscitar interesse para o estudo da política e das relações internacionais.

O enfoque é pragmático, no sentido de mostrar ferramentas conceituais que contribuem para a nossa compreensão da realidade política. Uma realidade que, normalmente, se nos apresenta de forma complexa, multifacetada e difusa. As informações, em um mundo globalizado, com acesso imediato a comunicações, mostram-nos um cenário confuso e disperso, em que recebemos mais dados do que temos capacidade de processar e de entender.

Os instrumentos de análise são ferramentas que nos auxiliarão a organizar as informações de forma inteligível e nos ajudarão a ver a realidade política de forma mais clara e, possivelmente, fazer algum grau de prospecção, ou seja, detectar tendências e antecipar cenários futuros.

A abordagem será mais ampla do que profunda, com o intuito de dar conhecimento de ferramentas que poderão ser objeto de pesquisa por meio de leitura especializada. Procura-se evitar a entrada em terreno puramente acadêmico como as discussões mais aprofundadas sobre teorias e as disputas doutrinárias entre autores.

Busca-se entender o quadro político tal como é, e não como deveria ser, ou seja, trata-se de entender a realidade e não de advogar sua mudança, o que é estudado na filosofia e na doutrina política. Este trabalho cuida do ser e não do dever ser, em perspectiva realista, e não valorativa[1].

Cumpre esclarecer que a escolha dos instrumentos de análise, na abordagem utilitária adotada, foi feita com base na experiência de professor de ciência política e relações internacionais, bem como na vivência diplomática do autor. Foram selecionadas as ferramentas que lhe parecem mais eficazes.

Tendo em vista a importância da precisão conceitual para a análise política, fez-se uma opção pela clareza e pelo bom senso, adotando-se a fórmula do que chamamos de "conceito denominador comum", aquele que pode, razoável e amplamente, ser aceito sem maiores discussões. A precisão dos conceitos é essencial para a validade analítica. Deve-se evitar a subjetividade leiga que transparece em considerações pessoais, as quais deturpam as análises e as podem transformar em manifestações de desejos, preconceitos, ou preferências ideológicas – o que comumente se chama de *wishful thinking* – fazendo o resultado da análise conformar-se à vontade do observador.

O analista político não deve também cair na tentação de empregar teorias conspiratórias, que recorrem, de forma fantasiosa, a pretensos conluios ou tramas de caráter secreto, para explicar situações políticas. Embora existam conspirações para, por exemplo, a realização de um golpe de estado, e como será visto mais adiante, haja em várias oportunidades a atuação das chamadas eminências pardas – atores políticos que agem muito discretamente, nas sombras – não se deve usar o re-

1. Em seu livro *Introduction to Politics*, o professor Harold Laski discorre sobre conceitos básicos em politica.Ver Laski, Harold. *Introduction to Politics*. Londres: Editora George Allen & Unwin, 1978.

curso leigo e fácil da teoria conspiratória, por definição fantasiosa, para explicar fatos políticos.

Existem, evidentemente, iniciativas secretas de serviços de segurança, e ações de sabotagem, mas que não devem ser confundidas com o recurso às teorias conspiratórias. O emprego do chamado Plano Cohen, no Brasil de 1937, para facilitar o golpe de Getúlio Vargas que implantou o Estado Novo, foi exemplo de conspiração bem sucedida, embora deva ser examinado junto com outros elementos, como a existência de pré-condições para a radicalização, como veremos ao abordarmos mudança política.

Teoria conspiratória recente diz respeito aos atentados do onze de setembro de 2001 nos Estados Unidos. Os serviços de informação do Governo americano teriam tido conhecimento antecipado dos ataques terroristas, mas teriam permitido que tivessem êxito para justificar os posteriores ataques ao Afeganistão e a luta contra o terrorismo. É essencial, portanto, a capacidade de distinguir entre as conspirações e ações encobertas, e o emprego das fantasias de teorias conspiratórias para analisar fatos políticos.

Para proporcionar fluidez na leitura, optou-se por evitar o excesso de referencias bibliográficas no corpo do trabalho e, depois das notas o leitor encontrara recomendações de leituras, de caráter indicativo, que permitirão o aprofundamento das questões abordadas[2].

---

2 A adequada leitura e o aproveitamento deste trabalho pressupõem, naturalmente, o conhecimento de alguns conceitos fundamentais de politica. Esses conceitos também podem ser encontrados em Dahl, Robert. Analise Politica Moderna. Brasilia: Editora Universidade de Brasilia, 1981.

1 MODELOS E CENÁRIOS

Na história do pensamento observa-se que é antiga a utilização de modelos como forma de se entender a realidade[1]. Esses modelos são ferramentas úteis para organizar as informações a que temos acesso, as quais vemos como uma massa amorfa e fragmentada. Assim, procuramos construir modelos, com dados tirados da realidade, mas que com ela não se confundem. É o que acontece quando se utiliza a pirâmide egípcia para se tratar da "pirâmide" social ou de uma hierarquia. Da mesma forma, o modelo da balança serve para se referir a situações de equilíbrio, como a balança de poder.

Os modelos são como um mapa, ou a maquete de uma cidade, que nos permitem melhor visão ou compreensão de uma situação. Tendo em vista que vivemos dentro de uma realidade política, o uso de modelos é útil porque, imersos na realidade, dificilmente conseguimos vê-la com clareza. O modelo funciona como o recuo que fazemos para melhor visualizar um quadro, ou outra obra de arte.

Quando estamos muito perto ganhamos em visão de detalhes e quando nos afastamos ganhamos em visão de conjunto. Por outro lado, o modelo fun-

---

1. Deutsch, Karl. *Os Nervos do Governo.* Rio de Janeiro: Bloch Editores, 1971.

ciona como um padrão, e ao compará-lo com a realidade analisamos em que medida esta se aproxima ou se afasta do modelo, o que facilita a compreensão da situação política em estudo.

A construção de cenários, de outra parte, é uma projeção de dados da realidade para o futuro. É a antevisão de uma situação futura feita, naturalmente, com as informações disponíveis. É uma previsão de possíveis desenvolvimentos de uma dada realidade política, extremamente útil na montagem de estratégias.

A elaboração de cenários atua como uma ferramenta para dar lógica e previsibilidade a ações futuras. É o caso do general que, por exemplo, considera as possibilidades de que o inimigo ataque pelo flanco esquerdo (cenário A), o que demanda um conjunto de providências para o combate, ou que atacará pelo flanco direito (cenário B), o que o levará a tomar outro tipo de decisão.

As Forças Armadas, por exemplo, normalmente dispõem em suas estruturas de um organismo chamado de estado maior, composto de oficiais superiores. Além de funções de comando, o estado maior encarrega-se do planejamento geral de atividades militares, o que faz por meio da constante construção e reconstrução de cenários, projetando possíveis ações bélicas no futuro.

Na elaboração de modelos futuros, que também chamamos de cenários, é de extrema importância a isenção, para que o cenário não se contamine com elementos subjetivos como o desejo, mesmo inconsciente, de que o inimigo ataque apenas pelo lado preferido do general, o que tiraria a validade prática da elaboração do cenário. Embora a isenção total seja difícil, talvez impossível, o analista político deverá sempre procurar a neutralidade ao abordar a realidade que deseja conhecer e entender. A isenção o ajudará a evitar distorções.

2

PRECISÃO CONCEITUAL

A efetividade da análise política demanda que os conceitos utilizados sejam objeto da maior precisão possível. Não cabe o subjetivismo, as considerações eivadas de elementos de proselitismo político-partidário, ideológico ou religioso. O analista político não se pode permitir empregar um conceito de sua criação ou preferência pessoal, pois a Ciência Política, o Direito, as Relações Internacionais, e a Sociologia já têm conceitos de aceitação ampla e sedimentada.

Como nas ciências exatas, são conceitos adotados de forma praticamente universal. A objetividade conceitual é essencial também para o próprio diálogo entre os cientistas e analistas dos diversos segmentos, pois, caso contrário, se cada um adotar seu próprio conceito, a comunicação fica impossibilitada.

O *impeachment* do Presidente Fernando Lugo do Paraguai, em junho de 2012, fez aflorar a importância desse problema da precisão e da objetividade. O processo de *impeachment* foi considerado por setores políticos favoráveis a Lugo como um golpe de estado. Ora, há posição assente na Ciência Política e no Direito de que um golpe de estado consiste em uma quebra da ordem constitucional e, portanto, da legalidade.

No entanto, o processo paraguaio de impedimento presidencial foi realizado no âmbito da Constituição, obedecendo aos preceitos da Constituição vigente naquele país. Evidentemente, no campo das disputas políticas e ideológicas, havia o interesse e a necessidade de qualificar de golpe de estado o processo parlamentar de impedimento.

O analista político deve ater-se ao conceito já reconhecido cientificamente, para não distorcer sua compreensão da realidade política. É lícito, entretanto, para o analista, discutir a legitimidade do processo, mas empregando outra categoria de conceitos. Porém, na medida em que há no Paraguai um estado de direito, ou seja, está vigente uma Constituição e um conjunto de normas jurídicas que regem a vida do país, e que a legislação foi obedecida, não cabe falar em golpe de estado[1].

Goste-se ou não desse arcabouço legal, suas normas foram obedecidas. Em síntese, o agente político poderá, e o faz frequentemente, classificar fatos de acordo com sua conveniência política ou ideológica. Mas o analista não pode agir da mesma forma, sob pena de sua análise desprender-se da objetividade necessária à compreensão racional da realidade.

---

1. Merece consulta a revista Política Externa, da HMG Editora, que, em seu volume 21, número 3 (janeiro, fevereiro, e março de 2013) publica artigos do antigoChanceler Celso Lafer (p. 19) e do professor Marco Aurélio Garcia (p. 9). Ambos tratam, sob diferentes perspectivas, da suspensão do Paraguai do Mercosul, na esteira do impeachment do ex-presidente Lugo. Garcia fala em aventura golpista, (p. 14), enquanto Lafer afirma que o processo foi considerado válido e constitucional pelo judiciário do Paraguai (p. 22).

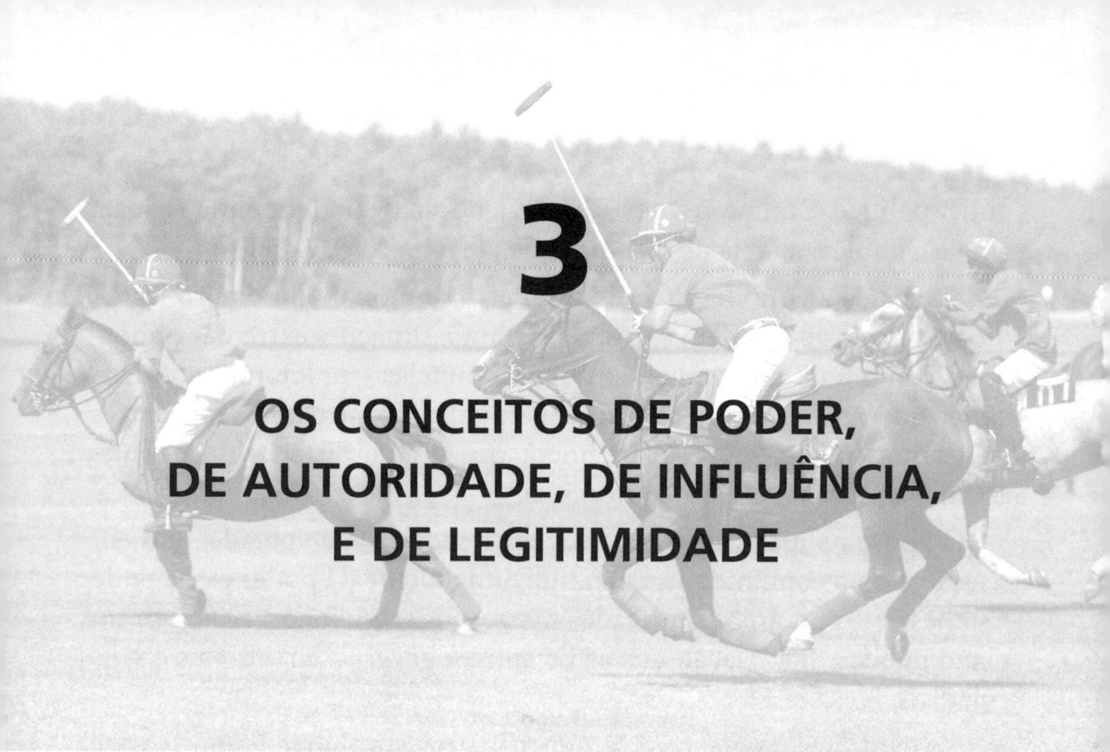

3

OS CONCEITOS DE PODER, DE AUTORIDADE, DE INFLUÊNCIA, E DE LEGITIMIDADE

Os conceitos de poder, de autoridade, de influência, e de legitimidade são essenciais na Ciência Política e nas Relações Internacionais. É necessário, portanto, ter visão cristalina desses conceitos. Embora tenham como base ideias que vêm sendo discutidas desde a antiguidade grega, trata-se aqui de vê-las sob um prisma instrumental, como ferramentas analíticas para o entendimento da realidade.

Por poder entende-se, de modo sintético e já consolidado, a capacidade que tem A de obrigar B a fazer ou deixar de fazer algo, mesmo contra a vontade de B. Evidentemente, os meios utilizados para o exercício do poder são muitos, mas o recurso derradeiro é o uso da força física, a *ultima ratio*, a razão última da manifestação de vontade. A categoria poder está sempre ligada ao uso da coação, mesmo que esse uso seja apenas potencial. Ou seja, a possibilidade, pelo menos, da utilização da força é imanente ao conceito de poder.

Quando se fala em força física estão implícitas, na atual organização estatal, estruturas como as forças policiais e militares. Se a imposição de vontade se realiza no plano individual, como no caso da relação entre um assaltante e sua vítima, teremos uma relação de poder, mas não de poder político. Como veremos adiante, a noção de poder político é mais ampla e implica a ideia de comunidade, de uma coletividade.

Na sociedade moderna, o Estado detém o monopólio do uso legítimo da força física. Podem existir, entretanto, situações extremas e anormais, como a da Líbia atual, em que as milícias que lutaram contra o antigo governo de Gadafi continuam armadas e controlam várias partes do território líbio, que está fragmentado. O atual Estado líbio exerce assim, na verdade, um poder nominal.

O poder político caracteriza-se pela imposição de vontade, mas em relação a uma comunidade e não individualmente. O poder em si pode manifestar-se no âmbito privado, mas o poder político verifica-se no plano público. É a relação que se dá entre o governo de um país e seus cidadãos.

No livro "Sociologia de Max Weber" o professor Julien Freund expõe com clareza o pensamento de Max Weber sobre as relações de poder e o uso da força, para o que se deve ver especificamente as páginas 159 a 161[1]. Na obra "Poder e Sociedade", Abraham Kaplan e Harold Lasswell, sob uma perspectiva distinta, falam sobre sanções severas, como está no capítulo quinto[2].

O mesmo Julien Freund, professor da universidade de Estrasburgo, em sua obra *Qu'est-ce que la politique?*[3] procura discutir qual seria o meio específico da política, se a astúcia ou a força. Refere-se a uma tradição que vem desde O Príncipe de Maquiavel com a imagem das qualidades da raposa e do leão, que deveria ter o político, o homem de estado.

A astúcia engloba o conjunto dos procedimentos indiretos que a inteligência utiliza. Trata-se da dissimulação, do engano, da intriga, da insinuação, do segredo. A astúcia requer também a premeditação. Trata-se, ademais, da ação subterrânea ou nas sombras. Esse procedimento é oportunista, busca o ponto fraco do adversário para feri-lo sem que

1 Freund, Julien. *Sociologia de Max Weber.* Rio de Janeiro: Editora Forense Universitária, 1975. Em nota prévia ao texto, o professor Freund diz que procura expor "tão claramente quanto possível o pensamento sociológico de Weber".

2 Kaplan, Abraham e Lasswell, Harold. *Poder e Sociedade.* Brasilia: Editora Universidade de Brasília, 1979.

3 Freund, Julien. *Qu`est que la politique?* Editions du Seuil, 1965.

saiba de onde veio o golpe. Considera-se que o máximo da astúcia é fazer parecer que não se emprega a astúcia.

Esses meios de ação são empregados pelo ser humano nas mais diversas áreas, inclusive na atividade política. No Brasil, os políticos mineiros são, por exemplo, historicamente caracterizados como mestres da astúcia. O Professor Freund diz que a atividade política de um Estado que se fundamente apenas na astúcia não é duradoura, não tem estabilidade e tampouco continuidade – que apenas a força (não a mera violência) pode garantir. Ou seja, a astúcia não é o meio específico e característico da política.

A força, sim, é o meio específico da política, pois é indispensável para a organização da sociedade. Essa força deve ser superior às outras forças internas, para manter a ordem e a estabilidade e deve também ser capaz de se opor às ameaças exteriores contra a independência da sociedade política.

No livro ***Grande Sertão: Veredas*** o autor, João Guimarães Rosa, coloca na fala de seu personagem-narrador, o jagunço Riobaldo, a frase "sertão é onde manda quem é forte, com as astúcias". A definição do sertanejo sobre o poder é síntese ilustrativa de uma discussão sobre a própria essência do poder e da política. Verifica-se uma percepção que junta a força, a razão última do poder, e a utilização de meios mais sutis como as artimanhas. Registre-se que Guimarães Rosa foi escritor mineiro cuja obra, embora normalmente vista como regionalista, transcende essa classificação e alcança dimensão universalista. O livro "Grande Sertão: Veredas" é um repositório de conhecimentos, aparentemente rudes, que podem ser úteis ao analista político pela condensação de experiências de vida e pela erudição.

A origem da palavra "política" está ligada à palavra grega *polis* que era a comunidade de cidadãos, a cidade-estado, e política veio a significar a direção dessa comunidade, desse coletivo ou conjunto de cidadãos. Evidentemente, o uso da força física não é o único instrumento utilizado para governar a sociedade, para a ação política. Seu emprego, em situações de normalidade, em situações quotidianas, verifica-se apenas, individualmente, em relação aos recalcitrantes, àqueles que se recusam a obedecer.

Ademais, registre-se que mesmo os sistemas políticos totalitários ou os autoritários (são categorias diferentes como se verá mais tarde) não se valem apenas da coerção para a obtenção da obediência, para a imposição de sua vontade.

Dificilmente um sistema político mantém-se apenas pelo uso da coerção. Emprega também outros recursos, como a utilização intensa da propaganda, a ênfase na liderança ou em uma fórmula política que justifique o exercício do poder – e é comum a utilização conjunta de vários meios. Assim o fizeram intensamente os regimes nazista, fascista e comunista, e o fazem, em forma "mais suave" as modernas democracias ocidentais.

Coloca-se aqui, também, em reforço, a ênfase na liderança, o culto à personalidade, ou seja, uma premeditada concentração da propaganda na exaltação do líder. São exemplos históricos Mussolini, Hitler, Stalin e Mao Tse Tung.

No Estado Novo o Departamento de Imprensa e Propaganda, o DIP, teve êxito na promoção da imagem de Getulio Vargas como protetor das camadas mais pobres da população e enveredou pelo caminho do culto à personalidade com bastante êxito.

Mais recentemente, cite-se o culto ao líder norte-coreano, Kim Il Sung, pai do atual líder Kim Jong Wun.

Outro recurso utilizado para o sistema político manter-se é a utilização do "bode expiatório", a campanha contra os "culpados" dos males que atingem a comunidade, que são demonizados pela propaganda oficial. Caso clássico é o dos judeus na Alemanha nazista.

No âmbito das relações internacionais, há o emprego da imagem do inimigo externo, como foi o caso dos Estados Unidos e da antiga União Soviética no período da Guerra Fria, quando a ameaça comunista, de um lado, e o perigo imperialista *yankee*, de outro, eram utilizados como fator de legitimação, e de união e mobilização da população. O caso da disputa entre a Argentina e o Reino Unido pelas ilhas Malvinas (ou Falklands para os ingleses) reflete o emprego maciço da imagem do inimigo externo como fator de legitimação por sucessivos governos argentinos.

Essa utilização da imagem do inimigo externo liga-se, em termos conceituais, à ideia clássica na atividade política do "nós contra eles", que engloba a diferenciação, e a oposição de uma comunidade contra outra. É conceito de fácil compreensão, se nos lembrarmos de que é empregado por famílias, partidos políticos, clubes de futebol. De outra parte, deve-se registrar que se opondo a instrumentos de mobilização empregados por sistemas políticos, como os vistos acima, temos também recursos de desmobilização, como a rotina, a repetição. A rotina pode ter a força de ajudar a submissão e a ausência de questionamento. É exemplo a indução a se cantar o hino nacional diariamente, em escolas e quartéis.

Categoria correlata é a autoridade, em síntese definida como a obediência consentida, ou seja, verifica-se quando se obedece porque se acredita que se deve obedecer, porque se considera que quem impõe um comando tem capacidade e razões para fazê-lo.

No plano privado, o fenômeno verifica-se quando um médico nos diz para tomar um remédio ou um professor determina a leitura de certo livro. Seguimos a recomendação do médico ou do professor por achar que eles sabem mais, têm mais conhecimento e experiência, e, portanto, capacidade para nos fazer segui-los. E, em principio, não obedecemos à recomendação do leigo ou do nosso colega de turma, pois não consideramos que eles estejam em posição de nos recomendar e nos fazer seguir sua orientação.

No âmbito público o fenômeno dá-se quando seguimos uma ordem não por medo das sanções, mas por acreditar que devemos obedecer, que a obediência à norma é boa para nós, ou para a coletividade. Carl Friederich trata especificamente do tema no capitulo 9 da obra "Uma Introdução à Teoria Política"[4] bem como no seu livro "Tradição e Autoridade em Ciência Política"[5].

---

4 Friederich, Carl. *Uma Introdução à Teoria Política.* Rio de Janeiro: Zahar Editores, 1970. Embora se trate de uma discussão a respeito de teoria política e não propriamente de análise política, é leitura imprescindível, pelo enriquecimento teórico que proporciona.

5 Friederich, Carl. *Tradição e Autoridade em Ciência Política.* Rio de Janeiro: Zahar Editores, 1974. O autor mostra uma ligação enriquecedora entre os conceitos de tradição e de autoridade, em visão original.

Quando há autoridade, o governo precisa fazer uso mínimo de instrumentos coercitivos. É muito interessante a observação desse autor no sentido de que, na antiguidade, *auctoritas* era um atributo do Senado romano, composto dos *senes*, cidadãos mais velhos e, portanto mais experientes e mais sábios, guardiães dos valores tradicionais e sagrados. A orientação dada por quem detém autoridade seria mais do que um conselho e menos do que um direto comando, um conselho que não pode ser ignorado com segurança, sob pena de prejuízo grave, como o conselho do especialista ou do médico ao paciente.

Em outra perspectiva, identifica-se autoridade como sendo o poder formal, como o fazem Kaplan e Lasswell no livro citado "Poder e Sociedade", na página 169. O político de Minas Bonifácio José Lafayette de Andrada, conhecido como Zezinho Bonifácio, que foi presidente da Câmara dos Deputados (1968-1970), tinha, segundo consta, interessante e pitoresca definição do poder político: "tem poder quem prende, solta, nomeia e demite". Trata-se de abordagem realista que engloba os aspectos da coerção, ou uso da força (prende e solta) e o poder formal (nomeia e demite).

Embora emprestem destaque ao aspecto formal, Kaplan e Lasswell ligam a autoridade ao conceito de legitimidade. É a legitimidade que confere autoridade a uma pessoa. Há uma fórmula política, aceita e consentida pela população, que dá autoridade a uma pessoa, ou seja, lhe confere poder formal. Dizem também os dois autores, ainda em "Poder e Sociedade", que o atributo da autoridade sempre envolve o fato de que as pessoas a aceitam como tal (página 170). Confrontam a autoridade com o exercício do poder de fato, aquele que não é aceito, que não é autorizado, mas ao qual as pessoas se submetem. E se submetem porque paira sempre a possibilidade, pelo menos, de uso da força.

Frequentemente, no caso de democracias em que há a dualidade de chefe de estado e de governo, o chefe de estado, quer seja um monarca, em monarquias constitucionais, ou presidente da república, em formas republicanas de governo, costuma possuir o atributo da autoridade – é obedecido porque o povo o vê como um líder que tem conhecimento, capacidade e razões para indicar caminhos para a coletividade. Embora não tratem do quotidiano da política e da administração pública, chefes de estado funcionam principalmente como uma espécie de repositório dos valores da sociedade, e reserva moral para atuar em situações de crise.

O Rei Juan Carlos da Espanha agiu com autoridade na crise que ameaçou a transição democrática espanhola, em 1981. Naquela oportunidade, o Tenente Coronel da Guarda Civil Antônio Tejero, membro de uma conspiração contra o processo de democratização, que se seguiu ao franquismo, à frente de tropas, entrou armado no plenário da Câmara dos Deputados, procurando render os parlamentares, em tentativa de golpe de estado. O Rei de Espanha articulou contra os golpistas e fez pronunciamento pela televisão, fardado na qualidade de comandante supremo das Forças Armadas, conclamando o povo a defender a Constituição espanhola e a repudiar a tentativa de golpe.

O Rei tinha o atributo da autoridade, que o permitiu evitar o aprofundamento da crise. Acrescente-se que, na Espanha, país em que os vínculos regionais são extremamente fortes, no qual os cidadãos se dizem bascos ou andaluzes, por exemplo, antes de se dizerem espanhóis, o Rei é praticamente considerado o único "espanhol" propriamente dito, sem conotação regionalista. Seu prestígio e autoridade dizem respeito ao país como um todo e não a partes ou segmentos da Espanha. Recentemente, a partir de 2012, o Rei Juan Carlos passou por problemas pessoais e familiares, amplamente divulgados pela imprensa, que levaram ao desgaste de sua imagem e popularidade. Em 2014, o Rei de Espanha abdicou do trono em favor de seu filho. A erosão da imagem da família real não invalida, no entanto, o exemplo histórico citado.

Recentemente, em 2012 e 2013, tivemos a situação de crise econômica e política na Itália, quando o Presidente da República Giorgio Napolitano tomou a iniciativa de terminar com o desgastado gabinete do Primeiro Ministro Silvio Berlusconi, formando um governo técnico chefiado pelo Professor Mario Monti. Depois de eleições parlamentares, Napolitano foi reeleito para a Presidência com quase noventa anos. A atuação do Chefe de Estado, como reserva moral da nação, mostrou a característica da autoridade, de um homem considerado como mais sábio, mais capaz e equilibrado, dotado, portanto, de razões para ser seguido – evitando um curso perigoso para seu país.

O analista político deve, por conseguinte, levar em conta, em determinadas situações, a possibilidade de atuação dos chamados *Elder Statesmen,* figuras públicas como antigos presidentes, ex-líderes partidários, parlamentares por vezes já retirados da vida pública, que conquistaram o respeito da elite e da população, e que podem intervir no processo político com autoridade.

Já a influência caracteriza-se pela utilização de meios variados e sutis, como o uso da propaganda, e de técnicas de convencimento, para se obter a obediência. No plano privado, ocorre quando o professor, ao recomendar um livro, elogia seu texto, suas qualidades ou aguça nossa curiosidade a respeito de seu conteúdo. Ou, quando o médico descreve a eficácia, o exemplo de várias curas com o remédio receitado. Ocorre, também, quando o dirigente de uma instituição procura convencer funcionário a aceitar posição difícil destacando, ardilosamente, a importância desta função. Trata-se de meio utilizado por dirigentes militares para levar um oficial a seguir para um posto remoto ou, na diplomacia, para convencer diplomata a aceitar posto chamado de sacrifício: "é difícil, mas muito importante politicamente...". Aqui, a influência chega a confundir-se com a astúcia, que abordamos anteriormente.

No campo político, a influência mostra-se quando o governo emprega a propaganda para conseguir seus fins. Coloca-se aqui também a utilização de símbolos, bandeiras e hinos como forma de conquistar lealdade e obediência. Busca-se convencer os cidadãos a seguir as orientações do poder político. O conceito de influência pressupõe, evidentemente, que não se utilizem instrumentos coercitivos (embora estes estejam sempre disponíveis como a *ultima ratio* da política).

A utilização de símbolos na comunicação política pode ser vista por meio de exemplos simples, como o de Fidel Castro, um civil, utilizar constantemente uniforme militar para mostrar seu compromisso com a revolução cubana e com sua continuidade, mesmo muitos anos depois da vitória revolucionária de 1959. O primeiro presidente do ciclo de 1964 no Brasil, General Castelo Branco, fez questão de tomar posse em trajes civis, para transmitir a imagem de que não liderava um movimento puramente militar.

De outra parte, deve-se destacar a importância da adequação da comunicação política dirigida às grandes massas eleitorais. No Brasil atual destaca-se a capacidade de comunicação oral do Presidente Lula, capaz de falar linguagem popular, utilizando-se de imagens de fácil entendimento, inteligível aos eleitores com menor capacidade cultural.

Essa habilidade contrasta com o discurso de vários líderes de partidos tradicionais, eivado de expressões sofisticadas, de origem jurídica ou econômica, fora da compreensão dos setores menos esclarecidos do eleitorado.

Destaque-se, também, a capacidade de comunicação do Presidente Fernando Collor, que ademais de se expressar de forma clara, apela aos sentimentos e emoções dos eleitores. Apesar da diferença de imagem, inclusive física, um buscando simbolizar a classe operária e pobre, e o outro personificando a elite culta, os dois antigos presidentes são exemplos de comunicação eficaz, que merece estudo aprofundado.

O Presidente Juscelino Kubitschek fez-se o símbolo do dinamismo e da modernidade. Sua oratória transmitia um novo estilo de governar e a ideia de que o desenvolvimento não só era possível, como já estava ocorrendo, de modo palpável.

O professor Harold Lasswell discorre amplamente sobre a influência no seu livro "Política: Quem ganha o que, quando, como". E considera que o estudo da política deve centrar-se no estudo da influência e de quem é influente[6]. Lasswell adota a abordagem distributiva, como se verá mais adiante, e considera que pessoas influentes apropriam-se da maior parte do que é apropriável, ou seja, valores como deferência, renda e segurança. Essas pessoas influentes constituem a elite, que emprega a propaganda e faz forte uso de elementos simbólicos, assim como o faz a contra-elite, que deseja substituí-la. Lasswell diz que os símbolos são a ideologia da ordem estabelecida e a utopia é a ideologia das contra-eli-

---

6 Lasswell, Harold. *Política: quem ganha o que, quando e como.* Brasília: Editora Universidade de Brasília, 1984. O autor adota a abordagem distributiva, que se reflete no sugestivo título dessa obra.

tes. A elite procura manter sua influência pela propaganda, centrada em uma fórmula política que justifique seu domínio, usando símbolos que traduzem essa fórmula, e a contra-elite busca mostrar sua capacidade de prover um futuro melhor para a massa.

A propaganda, quer direta, quer subliminar, é meio de se exercer influência, e faz uso direto e constante de símbolos e mitos. A utilização da bandeira, os desfiles, as cerimônias militares e os hinos são recursos que nos influenciam desde tenra idade. Os imponentes desfiles militares e cerimônias públicas nos períodos nazista e fascista, bem como na antiga União Soviética, e atualmente na Coréia do Norte, são modelos de uso simbólico muito aperfeiçoado das forças armadas como instrumento propagandístico. Em menor escala, temos as impecáveis cerimônias militares no Reino Unido.

Colocam-se aqui também os logotipos dos partidos políticos, a adoção de cor representativa, a repetição de palavras de ordem, os hinos - importantes elementos da comunicação política. Monumentos e palácios governamentais têm também função de representação da fórmula política prevalecente e buscam afirmar a imagem do poder vigente, provocando admiração e respeito.

De outra parte, a destruição de monumentos tem importante efeito simbólico, como a derrubada, em 2003, da estátua de Sadam Hussein, significando o fim do regime por ele liderado. As corporações militares e policiais utilizam uniformes e símbolos para intimidar inimigos e adversários, como é o caso do uso da caveira em veículos de tropas policiais de elite brasileiras. Os gritos de guerra e os gritos usados nas artes marciais também transmitem mensagem de intimidação.

Na guerra das Malvinas em 1982, como em outras ocasiões, os ingleses utilizaram tropas "gurcas" de origem nepalesa, cuja simples presença, pela fama de ferocidade em combate, costuma aterrorizar os inimigos. Se as tropas profissionais britânicas já eram superiores belicamente aos conscritos argentinos, o emprego dos "gurcas" acrescentava um elemento radical para amedrontar o inimigo.

Procura-se ademais estabelecer, desenvolver e difundir mitos como o do *self made man* na sociedade americana, a imagem dos *founding fathers* dos Estados Unidos, bem como a dos heróis de lutas pela independência como Simon Bolívar na América do Sul, e de movimentos revolucionários, como Fidel Castro e Che Guevara.

O antigo presidente Reagan e a primeira ministra Margareth Thatcher incorporaram, reforçados por eficiente propaganda, o mito do líder firme, defensor dos valores ocidentais e liberais. O ex-presidente brasileiro Lula buscava personificar o operário que conseguiu superar suas circunstâncias adversas e chegar à presidência como defensor da massa pobre em contraposição à elite. Os presidentes Juscelino Kubitschek e Fernando Collor simbolizavam dinamismo e modernidade.

Frequentemente se buscam meios de propaganda para atacar adversários políticos e se difundem imagens como o esquerdista sujo e perigoso, ou o esquerdista elitista ou elegante (a esquerda festiva no Brasil) no sentido pejorativo – para mostrá-los como afastados do povo. A contrário senso destacam-se imagens como as da direita como sendo uma elite insensível e distante da população. No caso do Brasil cabe aqui citar a disputa propagandística entre o Partido dos Trabalhadores e o PSDB; nos Estados Unidos a dicotomia entre Democratas e Republicanos; no Reino Unido entre o Labor e os Tories. Nesses casos os segmentos mais à esquerda sempre procuram atribuir aos adversários a pecha de políticos insensíveis aos anseios da população. A direita, por sua vez, tenta mostrar a esquerda como ameaça de instabilidade.

No plano das relações internacionais, procura-se disseminar a justificativa de que intervenções externas existem para defender ou disseminar a fé religiosa, os valores democráticos, o combate ao terrorismo. Ressaltam-se os feitos dos heróis nacionais e menosprezam-se os dos inimigos, os quais se procura mostrar como insensíveis ou selvagens. Os filmes norte-americanos relativos à Segunda Guerra expunham os antipáticos e sádicos alemães em contraste com os simpáticos e joviais americanos.

No período predominantemente bipolar do pós Segunda Guerra Mundial, em que havia luta encarniçada entre o campo ocidental e o soviético, os dois blocos concorriam entre si em todos os campos. Disputavam hegemonia do ponto de vista estratégico, econômico, tecnológico e ideológico. A busca de influência por meio da propaganda tentava sempre mostrar o lado soviético como composto de comunistas ateus e desalmados e os ocidentais como capitalistas desumanos. Se a propaganda soviética indicava o campo ocidental como frívolo e injusto, a outra parte sempre destacava as cenas cinzentas e tristes da parte do mundo dominada pela URSS – esses enfoques são claramente perceptíveis nos filmes do período da Guerra Fria.

O que o professor Joseph Nye[7], na década de 1990, rotulou de *soft Power,* compreende, na realidade, todo um elenco de iniciativas mais antigas, tais como as do Reino Unido com divulgação cultural e escolas de inglês espraiadas pelo mundo, bem como as escolas de língua americanas, francesas, italianas, espanholas, russas e chinesas. Na mesma linha coloca-se o esforço brasileiro de divulgação por meio dos centros de cultura (os CEBs) ligados a nossas embaixadas e consulados.

O objetivo é sempre influenciar, conquistar simpatias e criar ambiente receptivo a ações estratégicas, políticas, econômicas e comerciais. Além de ocasiões para a obtenção de informações, as recepções e outros eventos diplomáticos funcionam como instrumentos de divulgação cultural, de conquista de simpatia e obtenção de adesão de outros povos. Vem daí a afirmação comum, e muito verdadeira, de que o diplomata trabalha em festas. Um ambiente social descontraído, ou festivo, cria melhores condições não apenas para se conseguir informações, como também para a divulgação de imagem e para a cooptação das elites dos países onde atuam os diplomatas.

A divulgação de informações, por meio de agências de notícias, pelo viés que se pode dar às matérias jornalísticas, é da maior importância e há uma preocupação das grandes potências em valorizar essa ferramenta de *soft power.* Na realidade, essas potências dominam o campo da divulgação de notícias, pois as agências e órgãos de divulgação mais influentes são sediadas em países desenvolvidos. As matérias aí elaboradas são distribuídas internacionalmente para órgãos regionais e locais, o que lhes dá imenso poder multiplicador. Outros exemplos são as emissoras de rádio e televisão como a *BBC* inglesa, e a *Radio France Internationale.*

---

7 Nye Jr, Joseph. *Soft Power.* Editora Public Affairs: Nova York, 2004.

O chamado *soft power*, embora importante, não elimina, evidentemente, a necessidade de ser utilizado em combinação com a força, ou pelo menos a ameaça de seu emprego. Essa combinação, tradicional, foi recentemente destacada e chamada de *smart power*. No caso do terrorismo, lembra Joseph Nye, deve ser utilizado o que poderíamos chamar de uso inteligente dos instrumentos de poder, recorrendo tanto ao *soft* quanto ao *hard power*. Observe-se que na Guerra do Vietnam os Estados Unidos claramente falharam na conquista da opinião pública, o que ajudou na derrota militar. Costuma-se considerar simplificadamente que os americanos perderam a guerra mais pelo desgaste do apoio interno do que pelas dificuldades em combater a guerrilha do Vietcong nas selvas vietnamitas. Exemplo atual da necessidade de emprego inteligente do poder e da influência é o da luta entre Israel e o Hamas na faixa de Gaza, em julho e agosto de 2014, em que os israelenses, apesar de militarmente mais poderosos, perderam a batalha das comunicações no plano internacional. Como dizem os políticos de Minas Gerais, às vezes vale mais a versão do que o fato.

O fato de o Príncipe William ter sido enviado para estudar na Universidade de St. Andrews, na Escócia, ao invés de Cambridge ou Oxford, foi uma projeção de *soft power*, que tem como pano de fundo o movimento separatista escocês e a realização de plebiscito de 18 de setembro de 2014, que manteve a Escócia no Reino Unido.

Outro conceito chave para a análise política é o da legitimidade. Considera-se legítimo o governo que conta com o apoio e o consentimento da população, ou seja, quando não há contestação séria ao poder político. Tema também central da ciência política, a legitimidade não se confunde com a simples popularidade – fenômeno mais superficial. A legitimidade tem em si também um elemento de crença, de fé. Do ponto de vista do súdito, do cidadão, a obediência vem de se acreditar que determinado regime, ou governo, é justo ou adequado, quando não o melhor.

Não se pode deixar de fazer referência à existência, no campo do Direito, de uma equiparação entre a legitimidade e a legalidade. Considera-se que é legítimo o que está dentro da lei, o que obedece aos requisitos legais. Assim, diz-se que alguém é o legítimo possuidor de um bem quando o possui de acordo com os preceitos da lei. Deve ficar claro que essa interpenetração entre o legítimo e o legal, essa fusão, pertence ao Direito e não à Ciência Política. Cumpre alertar o analista no sentido de não se deixar confundir por essa especificidade da ciência jurídica.

No campo da política, o legítimo e o legal, enquanto categorias, são nitidamente distintos e um governo pode ser legal, quando assumido e exercido de acordo com a estrutura jurídica vigente e não ser legitimo, *i.e.* , não contar com o respaldo e o consentimento da população. Da mesma forma, podemos ter um governo legítimo que não encontre guarida em estrutura legal. São situações que, naturalmente, tendem a não ser duráveis.

Antes de avançarmos, cabe a observação de que estamos abordando esses conceitos de forma tão esquemática, e separando-os rigidamente, com a finalidade de facilitar a compreensão do fenômeno político, à maneira do biólogo que disseca e separa as partes de um ser natural para estudá-lo melhor. Na realidade, as manifestações desses conceitos não aparecem claramente delimitadas e individualizadas na atividade política. Por esta razão, cabe ao analista ter sempre o domínio claro das categorias essenciais da política, o que propiciará maior clareza e precisão nas suas análises.

Entre as várias abordagens possíveis para o conceito de legitimidade, destaca-se a de Max Weber, clássica, que considerou a existência de três tipos ideais de legitimidade. Esses tipos ideais são modelos, construções teóricas feitas com elementos da realidade com a qual, no entanto, não se confundem. Os tipos ideais são ferramentas para entender situações reais, funcionam como parâmetros para a comparação com a realidade, e dificilmente são encontrados na forma pura.

Weber estabeleceu a legitimidade tradicional-patrimonialista, a carismática, e a racional-legal. Em todas elas busca-se resposta para as razões da obediência. Busca-se a explicação para a obediência, e para o apoio dado a um governo, ou em termos mais amplos, a um regime político.

Na primeira categoria, a razão para se obedecer é a tradição, "o eterno ontem", ou seja, o poder ou o regime político que vem de inúmeras gerações, sancionado pelo tempo e pelo costume. Assim deve ser, porque assim sempre foi. Nesse tipo ideal não há distinção clara entre a esfera pública e a privada.

Trata-se da situação medieval, em que o soberano escolhia servidores entre senhores feudais e os cargos eram como propriedade de seus titulares. Os soberanos e os senhores mantinham seus próprios exércitos, financiados com seus meios particulares, e a cobrança de impostos era frequentemente entregue a arrecadadores, em processo semelhante ao que chamamos hoje de "terceirização".

Também era normal que as rendas de um cargo fossem auferidas por seu titular. A gestão governamental era personalizada, em razão da lealdade esperada pelo soberano e por ele premiada com títulos, com bens materiais, com prebendas. Nos dias atuais, temos exemplos da sobrevivência de elementos da legitimidade tradicional, mesclados naturalmente com outros fatores de legitimidade, no Japão e nas monarquias democráticas e constitucionais da Europa Ocidental.

O sistema de cartórios no Brasil ainda guarda características de uma reminiscência tradicional-patrimonialista. Os titulares dos cartórios exercem uma função a todos os títulos pública e recebem pessoal e privadamente renda como remuneração pelos serviços e não um salário, como os funcionários públicos.

A legitimidade racional-legal fundamenta-se na existência de normas legais e na ideia de que o poder político deve ser presidido e limitado por essas normas. Predomina firme crença no primado da lei, ou seja, acredita-se que a sociedade e o governo devem ser objeto de regulamentação, as pessoas e o estado devem viver e agir dentro dos parâmetros estabelecidos pela lei.

Nesse esquema é típica a distinção entre o público e o privado e a existência de uma estrutura burocrática de gestão do estado. As competências dos funcionários são delimitadas, há uma hierarquia, o recrutamento se faz por concursos, provas e títulos acadêmicos. A administração publica é realizada por funcionários que recebem salários, não são donos de seus cargos, como também não auferem rendimentos dos órgãos que dirigem, mas sim a remuneração que lhes é paga pelo Estado.

A legitimidade carismática pertence ao terreno do excepcional e sai da rotina da vida política. Aqui a obediência é personalíssima, verifica-se em razão do chefe visto como líder que sobrepassa a normalidade.

É o que acontece com os grandes líderes guerreiros, grandes oradores de massa, excepcionais líderes religiosos, heróis que têm o dom de se comunicar diretamente com seus seguidores e neles provocar admiração incontida e profunda lealdade. Dentro da busca da exatidão conceitual deve-se registrar que o carisma não se confunde com a mera simpatia ou popularidade. O cidadão, ou o político podem ser rotulados de simpáticos ou populares, na vida quotidiana, mas não são carismáticos.

Tem havido, no Brasil, uma tendência de se vulgarizar o termo carismático utilizando-o como sinônimo de simpático. Essa utilização não pode ser feita, entretanto, pelo analista político. Ademais, o carisma, como atributo *ratione personae*, não se transfere, pertence a seu detentor, que é único. Ou seja, não há sucessão carismática. A liderança carismática esgota-se em si mesma.

Cabe, aqui, uma palavra sobre liderança. Embora estudada desde Platão e Aristóteles, o fenômeno da liderança é extremamente complexo, e devemos nos contentar em aceitar que se trata de uma capacidade de obter adesão, de conseguir seguidores. Há, portanto, uma característica de voluntarismo, de desejo, de vontade, ao se seguir um líder. Lasswell (Poder e Sociedade, página 190) diz que líderes são os detentores de poder mais ativos. Essa afirmação, possivelmente, tem base na percepção comum de que a liderança afirma-se na ação. Ou seja, uma pessoa inerte, passiva, não se mostrará como líder.

As discussões sobre liderança costumam aceitar que há diferenças entre os lideres e seus seguidores, mas não há acordo em relação às qualidades de um líder, ou quanto à possibilidade de se nascer com as qualidades de liderança ou de se adquiri-las. Michels[8] coloca requisitos, como força

8 Michels, Robert. *Les Partis Politiques,* com o subtítulo *Essai sur les tendences oligarchiques des democraties.* Ernest Flarion Editeur: Paris, 1919. Trata-se de um clássico sobre partidos políticos. Na terceira parte da obra (páginas 140 a 161), Michels procura, de modo muito interessante, investigar os aspectos psicológicos da liderança, abordando a influência do exercício do poder sobre os chefes políticos, a identificação do partido com sua liderança e os efeitos psicológicos de estar na oposição ou no poder.

de vontade, conhecimento, convicção. Também Machiavel destaca qualidades como a coragem e a convicção. O líder poderá atuar dentro ou fora de uma estrutura formal, e a liderança não se exercita somente em termos políticos, no âmbito de uma comunidade política, mas também no quadro de empresas, de associações, etc. Reiteramos, por sua importância, a distinção entre a liderança e a liderança carismática.

Essas categorias de legitimidade encontram-se, muitas vezes, com características mescladas na realidade política, o que não tira o seu valor heurístico. Por exemplo, no Reino Unido encontramos aspectos do tradicional-patrimonialismo ao lado de elementos racional-burocráticos.

Em suma, um sistema político é considerado legítimo na medida em que conta com o apoio e o consentimento da população, que não o argui seriamente. É o que acontece com a democracia monárquica e parlamentarista inglesa, e também com as outras democracias europeias, com o regime japonês, o chinês, etc. É o que se verifica com o sistema democrático presidencialista norte-americano. Independentemente das variações de popularidade dos líderes, a população desses países apoia o sistema político em seus fundamentos, não há contestação relevante ou mais profunda.

Deve-se ter sempre em mente que a legitimidade é conceito muito mais profundo e enraizado do que a popularidade, fenômeno mais superficial e volátil.

A legitimidade, entretanto, não é absoluta, imutável, e pode sofrer desgastes, como pode também ser recuperada. A monarquia inglesa, por exemplo, tem passado por altos e baixos em termos de grau de popularidade e até mesmo de legitimidade, sem atingir, modernamente, desgastes que coloquem a instituição em sério risco.

Aspecto pouco reconhecido das monarquias constitucionais europeias atuais é a participação constante de membros das famílias reinantes em atividades, no país e no exterior, que procuram mostrar sua sensibilidade em relação aos sentimentos e aspirações da sociedade. Demonstram pessoalmente solidariedade e compaixão em situaçoes de calamidades. Lideram associações de representação profissional, de grupos de caridade e de ajuda, são patronos de organizações não governamentais, são oficiais honorários de regimentos, participam de cerimônias civis e militares de repercussão. O exercício dessas funções contribui para manter conveniente grau de apoio da sociedade ao sistema, para o que se faz também uso hábil dos meios de comunicações modernos.

Desgaste de legitimidade verifica-se quando há uma forte diminuição da crença no sistema político por parte da população, que passa a contestá-lo. O aprofundamento e a demasiada duração do desgaste podem levar mesmo ao colapso do sistema. Situações revolucionárias tendem a ser precedidas por períodos de grande enfraquecimento da legitimidade, quando a sociedade diminui sua crença na qualidade do regime vigente. A população deixa de acreditar nos fundamentos que sustentam e justificam o *establishment* político, e alguns segmentos sociais passam mesmo a contestar seu direito de governar. Foi assim, por exemplo, nas chamadas grandes revoluções, como na Revolução Francesa de 1789 e na Revolução Russa de 1917, bem como na Revolução Cubana de 1959.

A legitimação é o processo pelo qual um sistema político adquire a capacidade de se fazer aceitar amplamente, de obter obediência sem a necessidade de recorrer normalmente a meios coercitivos. Os sistemas podem empreender ações conducentes à recuperação de níveis adequados de legitimidade, como a reaproximação com valores prevalecentes na sociedade, e como a adoção de meios mais adequados de comunicação com a sociedade. O processo de legitimação corresponde a uma busca de harmonização entre o sistema político e a sociedade, por meio do qual a população volta a crer na qualidade e na justeza de seus dirigentes.

A legitimidade não é mensurável matematicamente, mas o analista político procurará ver o grau de consenso que o sistema político obtém da população, o grau de adesão a seus fundamentos. As pesquisas quantitativas e qualitativas podem ajudar a aferir a legitimidade, mas não são conclusivas, pois se trata de categoria mais profunda, que diz respeito à crença nos próprios fundamentos, nas bases do exercício do poder político. Pesquisas podem auxiliar também na detecção da erosão, do desgaste da legitimidade.

Deve-se fazer referência, aqui, à expressão *silent majority*, uma maioria não quantificada, que não tem participação política ativa, e que não se envolve em manifestações de rua. São cidadãos que têm posições políticas, mas não as expressam de forma aparente e conspícua. Trata-se de uma maioria que apoia o sistema político, ou lhe dá seu consentimento, mas de forma passiva.

A expressão, embora já empregada anteriormente, foi largamente divulgada ao ser utilizada pelo Presidente dos Estados Unidos, Richard Nixon, em discurso de novembro de 1969. Na ocasião, eram grandes, ruidosos, tinham ampla repercussão na televisão e nos jornais, os protestos contra a guerra do Vietnam, que pediam a retirada das tropas americanas daquele país. A maioria silenciosa compunha-se então dos cidadãos que não participavam dos protestos. Esses cidadãos americanos apoiavam a posição do governo de que a retirada seria contra os interesses dos EUA, pois caracterizaria uma derrota frente ao comunismo. Deve-se lembrar de que o discurso de Nixon ocorreu em pleno período da Guerra Fria. Embora não seja propriamente um conceito estabelecido na Ciência Política, a ideia subjacente à expressão maioria silenciosa tem inegável valor interpretativo em muitas situações reais com que se defronta o analista.

Cabe reiterar também que a legitimidade não se confunde, necessariamente, com a legalidade. Um governo pode ser legal, com origem em fundamentos jurídicos claros, mas não ser legítimo, se não contar com o apoio e o consentimento da população. No que diz respeito à legitimidade, além da leitura do já citado "Sociologia de Max Weber" de Julien Freund, deve-se ler, de Weber, Ensaios de Sociologia[9].

A legalidade, por sua vez, consiste na existência, na vigência, de uma ordem jurídica, ou seja, de um conjunto de normas que impõe limites claros à ação de governantes e governados. Essas regras são gerais e obrigatórias, na medida em que regulamentam o corpo político como

---

9 Weber, Max Ensaios de Sociologia, com organização e introdução por H.H.Gerth e C. Wright Mills Rio de Janeiro Zahar Editores 1979. Max Weber é autor de clássica abordagem sobre a legitimidade, leitura imprescindível para o analista politico.

um todo, e têm a possibilidade de imposição coercitiva – não são simples conselhos ou normas de boa conduta.

O rompimento da estrutura jurídica caracteriza a quebra da legalidade, como no caso da tomada de poder que se faz fora das normas vigentes. Uma tomada de poder que rompe a estrutura jurídica pode vir a mostrar-se legítima, mas em um primeiro momento será sempre ilegal, será um comando *de facto*. Poderá, posteriormente, colocar em vigor nova estrutura jurídica, que caracterize nova legalidade, quando se autoimpõe limites jurídicos. Não caberá ao analista político fazer juízo de valor pessoal sobre os limites da legalidade, mas sim a verificação da sua existência e da obediência às regras.

4

AS ABORDAGENS DA REALIDADE POLÍTICA

Os fenômenos políticos, aqueles que dizem respeito ao governo, ao controle e à condução de uma sociedade, de uma comunidade em sentido amplo (no tempo atual geralmente sob a forma de um Estado), podem ser estudados por meio de várias abordagens. Essas abordagens são perspectivas ou enfoques diferentes de se estudar a realidade política.

Temos o enfoque jurídico-institucional, que aborda a política sob o prisma da estrutura legal, dando ênfase aos aspectos jurídicos como a estrutura formal do exercício do poder. Colocam-se aqui os estudos centrados no presidencialismo, no parlamentarismo, ou na monarquia, na separação dos poderes. Procura-se ver como se organizam os diferentes ramos da estrutura estatal. O exercício de poder é visto principalmente sob um prisma formal. O *approach* jurídico-institucional corresponde basicamente ao que se ensinava na disciplina Teoria Geral do Estado, lecionada nas faculdades de direito.

Há a abordagem histórica, que se concentra na origem e no desenvolvimento das instituições políticas, abarcando frequentemente o papel dos atores políticos em perspectiva temporal. Essa abordagem busca explicar os fenômenos políticos pela referência a fatos e acontecimentos passados que podem ter valor heurístico, para a construção de cenários, e ademais, para mostrar tendências e ciclos.

Cabe, aqui, referência ao economista russo Nicolai Kondratiev, que desenvolveu teoria sobre os ciclos (ou ondas) longos do capitalismo. A economia capitalista passaria por períodos de aproximadamente 50 anos de expansão e declínio. Conhecidos como ciclos de Kondratiev foram divulgados por Schumpeter e combatidos na antiga União Soviética stalinista por desmentir a premissa marxista de queda inexorável do capitalismo. A interligação de acontecimentos históricos pode ajudar a nossa compreensão do presente, na medida em que no passado pode estar a gênese de situações políticas atuais.

A visão comparativa busca estudar diferentes realidades políticas por meio da comparação, que daria mais luz ao estudo de diversas situações. É abordagem semelhante ao direito comparado. São exemplos *La Democratie em Amerique* de Alexis de Tocqueville[1] e *Comparative Government* do professor Finer[2]. Tocqueville analisa a democracia americana cotejando-a sempre com a realidade europeia e da Rússia. Finer estuda os governos modernos no Reino Unido, nos Estados Unidos, na França, e na antiga URSS, e vai além, ao comparar regimes políticos liberal-democráticos, totalitários, democracias de fachada, e regimes militares.

A abordagem marxista teve o mérito de chamar a atenção para os aspectos sociais das relações econômicas e também se liga à abordagem histórica, embora a complexidade da economia e da sociedade atual tenha diminuído sua capacidade heurística. É inegável, no entanto, sua relevância histórica no âmbito das doutrinas políticas.

---

1 De Tocqueville, Alexis La Democratie em Amerique Editions M-Th Genin 1951. Tocqueville busca as raízes democráticas dos Estados Unidos nos primórdios do estabelecimento das comunidades naquele país, que surgem, autonomamente, da própria sociedade, ao procurar meios de se organizar autonomamente.

2 Finer, Samuel Edward Comparative Government Aylesbury Editora Penguin Books 1977. Finer analisa os sistemas do Reino Unido, dos Estados Unidos da America, da França e da URSS, além de abordar outros sistemas como a *façade-democracy*, a *quasi-democracy*, e o *military regime*.

O professor da Universidade de Sussex e da LSE - a London School of Ecomomics da Universidade de Londres - Thomas Bottomore traz uma interessante síntese da teoria marxista em seu livro "As Elites e a Sociedade"[3]. Depois de dizer que Mosca e Pareto desenvolveram suas teorias de elites em oposição ao socialismo, e às ideias sociais de Marx, Bottomore descreve a teoria marxista em algumas proposições.

Em toda sociedade (menos as mais primitivas), considera, há duas categorias, uma classe dominante e uma ou mais classes dominadas. A classe dominante deve sua posição à posse dos meios de produção. Há conflito permanente entre a classe dominante e as classes subjugadas. Nas modernas sociedades capitalistas o conflito é definido de modo muito nítido, pois não existem mais os laços pessoais do feudalismo. O capitalismo leva à concentração extrema da riqueza e da pobreza, eliminando os estratos intermediários. A luta de classes terminará, segundo Marx, com a vitória da classe operária e com a edificação de uma sociedade sem classes.

Após a descrição sumária do marxismo o autor lista as principais críticas às ideias de Marx. Em primeiro lugar, a excessiva ênfase no fator econômico, ou seja, trata-se de uma teoria monocausal da história, que não dá a devida atenção a outros fatores, como o religioso e o ideológico.

Ademais, na sociedade atual verifica-se maior complexidade social, com diferenciação em distintos estratos de ocupação e *status*, como os vários níveis de classes médias, que não cabem na fórmula classe dominante/classe operária. Outros elementos de diferenciação têm sido a maior amplitude do ensino e a disseminação do voto. Pode-se acrescentar também a fraqueza da argumentação de que após a classe operária vencer, estabelecer-se-ia uma sociedade sem classes, em uma espécie de congelamento da história, analisada por Marx do ponto de vista da luta de classes.

Cabe ainda referência ao leninismo, por sua ligação com as relações internacionais. Lenin desenvolveu a ideia de que o imperialismo era o estágio superior do capitalismo e, significativamente, uma de suas obras mais influentes tem o título, em inglês, de *Imperialism, the Highest Stage*

---

3 Bottomore,Thomas B. As Elites e a Sociedade Rio de Janeiro Segunda Edição Zahar Editores 1974.

of Capitalism, publicado em 1917 (o ano da Revolução Russa). Lenin considerava que a fusão do capital industrial e do capital financeiro leva à exportação de capital para economias subdesenvolvidas e a uma divisão do mundo entre companhias multinacionais monopolistas e a eventuais conflitos geopolíticos.

Essa tese de Lenin costuma ser refutada com o argumento de que existiam impérios antes de existir o capitalismo. Já Trostsky, revolucionário e teórico, defendia que para a luta comunista a solidariedade internacional da classe proletária deveria ser mais importante do que a lealdade dos trabalhadores em relação a seus países. É o chamado internacionalismo comunista.

Um dos focos mais explorados na Ciência Política é o estudo dos processos de tomada de decisão. Trata-se de *approach* a que se dedicam também a psicologia, a área de administração de empresas e a de *marketing*, a estatística, a economia. Procura-se dissecar como são tomadas as decisões, quais os seus fundamentos, quais os participantes, suas fases e consequências.

No nosso caso, o interesse concentra-se nas tomadas de decisão políticas, isto é, aquelas que dizem respeito ao governo ou à direção da comunidade. Decisões individuais só nos dizem respeito quando ligadas diretamente ao sistema político ou que o influenciem. Assim, interessam-nos as decisões sobre como votar, mas não aquelas sobre como comprar. O *decision making process*, que tem sido objeto de inúmeras pesquisas e estudos de caso, permeia todo este trabalho. No entanto, é importante que o analista tenha sempre presente a frequente coexistência de dois espectros do processo decisório : o formal e o informal.

O processo formal é aquele institucional, objeto de regulamentação. No Brasil, no caso do Parlamento, segue regras constitucionais e do regimento interno das duas casas legislativas, a Câmara e o Senado. É o que ocorre na elaboração legislativa em um estado democrático de direito, em que um projeto de lei deve ser submetido a várias comissões temáticas nas duas casas, e depois de aprovado ser submetido ao poder executivo que poderá promulgá-lo ou vetá-lo. O veto presidencial tem, no entanto, a possibilidade ser derrubado pelo Congresso. No Poder

Judiciário e no Executivo o processo de tomada de decisão também é objeto de extensa regulamentação. Essas normas são de fácil acesso, objeto de publicação.

Entretanto, o analista deve também preocupar-se com o processo não formal, ou seja, deve conhecer e avaliar as influências menos aparentes, mas constantemente mais vitais do processo. Na situação do Brasil, a exemplo do que ocorre em muitos parlamentos, há um grupo restrito de parlamentares que realmente têm peso específico nas tomadas de decisão. Ademais, em ambas as casas, existem altos funcionários que costumam ter influência que, em certas situações específicas, é determinante no processo parlamentar.

Não se considera exagerada a estimativa, corrente em Brasília, de que há um núcleo de aproximadamente cinco por cento de deputados e de senadores que têm maior peso efetivo nas decisões parlamentares e na política nacional. Nos poderes executivo e judiciário há também relevante influência de altos funcionários e magistrados detentores de posições estratégicas. É interessante notar que, no caso do Congresso, o restante dos parlamentares, com diminuta capacidade de influenciar decisões políticas, tem sido rotulado pela imprensa, como sendo o "baixo clero"— expressão que já se incorporou à linguagem corrente.

Pode-se fazer analogia com a chamada diplomacia parlamentar, como se denomina a atividade diplomática de caráter multilateral, exercida no âmbito das organizações internacionais. Por exemplo, no que diz respeito à Organização das Nações Unidas, verifica-se que no "processo legislativo" multilateral, há os países que decidem e influenciam os demais, como os cinco membros permanentes do Conselho de Segurança da ONU (Estados Unidos, Reino Unido, França, China e Rússia). Existem também países com algum grau de influência como potências regionais médias, e a enorme massa do "baixo clero" internacional, Estados que seguem a orientação das grandes ou médias potências.

Ademais, há que ter conhecimento da existência, e levar em consideração a ação, frequentemente discreta e mesmo dissimulada, dos *lobbies* para influenciar o processo decisório. É significativo o título *Anonymous*

Empire do livro do Professor de Oxford Samuel Finer, sobre a prática do *lobby* no Reino Unido.

Essas considerações aplicam-se, com os ajustes cabíveis, às relações internacionais. As empresas com atuação internacional e mesmo os governos também praticam o *lobby* junto aos executivos e legislativos de outros países. Pela dimensão e importância da economia norte-americana, são conhecidos os escritórios de *lobby* em Washington, que têm clientes estrangeiros. Esses escritórios, contratados por governos, empresas, entidades de classe, atuam de forma paralela às representações diplomáticas, com as quais frequentemente se coordenam.

Os lobistas costumam ter maior liberdade de ação, pois são agentes particulares, bem como têm um grande conhecimento dos meandros do meio político em que atuam. Sabem, *e.g.*, quais parlamentares ou funcionários são mais suscetíveis a determinada argumentação. Exercem, por conseguinte, importante função complementar à ação diplomática.

No Brasil, ao contrário dos Estados Unidos, não existe uma regulamentação para a atividade dos lobistas. Um projeto de lei antigo na área, de autoria do Senador Marco Maciel, trata basicamente do registro e da divulgação dos gastos efetuados pelas pessoas físicas e jurídicas no exercício do *lobby*. Registre-se que o lobista tem imagem muito negativa no Brasil, ligada ao suborno e à corrupção, e possivelmente o registro e a divulgação financeira dariam transparência a uma atividade cuja existência é inegável.

O analista tem que levar em consideração também o papel da imprensa e da opinião pública na tomada de decisões, bem como a influência dos fatores pessoais nos atores dos centros decisórios - existem elementos sociais e psicológicos que são importantes no processo. Cabe ao analista considerar esses aspectos, como por exemplo, o "*background* familiar" e as experiências de vida de quem toma decisões, mesmo que os pesquisadores possam não as considerar importantes. O enfoque do analista é mais pragmático, pois não deve ter a pretensão de fazer ciência. Seu objetivo deve ser avaliar realisticamente a atividade política.

Ao analista cumpre avaliar a tomada de decisão de forma realista, objetiva e fria, sem entrar em considerações de ordem ética, moral ou ideológica. Seu parâmetro deve ser, basicamente, a eficácia pretendida pela decisão, e com essa referência julgar seu êxito ou fracasso. É o caso da decisão do presidente Kennedy de autorizar a invasão da Baía dos Porcos em Cuba em abril de 1961. O equívoco dessa decisão deve ser visto do ponto de vista da não consecução de seu objetivo, sem entrar em considerações morais ou ideológicas.

Em 31 de março de 1964 tropas sublevadas marcharam de Minas Gerais para o Rio de Janeiro, sob o comando dos generais Mourão Filho e Carlos Guedes. Ao chegarem ao então Ministério da Guerra, o General Costa e Silva comunicou-lhes que estava assumindo o Ministério, na qualidade de oficial mais antigo do Alto Comando. Ora, vivia-se uma insurreição, uma quebra da legalidade e, portanto, prevalecia a força das armas e não mais as normas jurídicas. Naquele momento contava ter tropas e não a posição de antiguidade no Exército. O General Costa e Silva, de forma audaciosa e ardilosa, deu uma espécie de "golpe branco" assumindo o Ministério e, portanto, o comando das forças insurretas. Foi um exemplo de decisão com êxito. Em situação de sublevação, de rompimento da legalidade, como veremos mais adiante, já não prevalece a lista de antiguidade, mas sim a razão das armas. E os generais Olympio Mourão Filho e Carlos Guedes, embora comandando tropas vitoriosas, submeteram-se à arremetida de Costa e Silva[4].

Ainda durante o ciclo de 1964, mas já no início da fase da abertura, em 1977, verificou-se o episódio da demissão do Ministro do Exército, opositor do processo de distensão, pelo Presidente da Republica. O Presidente Ernesto Geisel tomou a decisão, arriscada à época, de demitir o principal comandante militar. Aproveitou-se de data em que era feriado apenas em Brasília, e, portanto, as tropas mais leais ao Ministro estavam desmobilizadas. O Palácio do Planalto articulou-se com os comandos militares no restante do Brasil, e o Ministro demitido teve suas tentativas de reação anuladas pela eficácia da operação[5]. A decisão do Presidente Geisel, e sua adequada implementação, permitiram a continuação do processo de abertura.

4 Gaspari, Helio A Ditadura Envergonhada Companhia das letras 2002. página 116.

5 Gaspari, Hélio obra citada Introdução página 41.

A anexação da Criméia pela Rússia e as disputas russo-ucranianas em 2014, fizeram com que voltasse à evidencia a abordagem geopolítica. Trata-se de enfoque que busca estudar a política sob o prisma da influência de fatores geográficos. Registre-se a importância para a Rússia de ter disponíveis "portos de água quente", ou seja, que não congelem no rigoroso inverno da região, e o fato de o porto e base naval de Sebastopol, estrategicamente importantes, estarem situados na Criméia. A geopolítica procura ver como localização física, relevo, clima, recursos humanos, naturais (minerais, fertilidade de terras), afetam a política e as manifestações de poder, principalmente internacionais. São exemplos da abordagem geopolítica os estudos sobre o domínio dos mares e o domínio estratégico de áreas terrestres.

Em 2014, a iniciativa de criação do Estado Islâmico do Iraque e da Síria, por meio de ação militar basicamente sunita, chamou a atenção para o enfoque geopolítico. Trata-se de uma ação que busca sobrepor uma nova realidade política, de legitimidade religiosa, às fronteiras estatais estabelecidas na região. O Estado Islâmico, como passou a se denominar, visa a fundar um novo Estado, em detrimento das fronteiras estabelecidas pelas potências coloniais para a Síria (França) e para o Iraque (Reino Unido). A ofensiva para a criação do Estado Islâmico vem na esteira da retirada das tropas americanas do Iraque e da continuidade da guerra civil na Síria (lembre-se, apenas como referência geopolítica, que a Rússia, ao contrário dos EUA, tem apoiado o regime de Bassar Assad na Síria, e que tem interesse vital em sua base naval no porto sírio de Tartus).

Destacaram-se no *approach* geopolítico o professor alemão das Universidades de Munich e Leipzig Friederich Ratzel, que cunhou o conceito de espaço vital, o *lebensraum* que foi usado pelos nazistas. Cabe citar também o oficial de marinha americano Mahan, que deu ênfase à importância do poder marítimo, e o inglês Mackinder, que destacou a importância do controle terrestre da Europa central e oriental como estratégico para o poder mundial. É interessante notar que nessa área está incluída a região produtora de grãos da Ucrânia. Mais recentemente, tivemos o cientista político de Yale Nicholas Spykman, autor de "The Geography of Peace", de 1944, considerado precursor da política do *containment*. A importante revista *Foreign Affairs*, em sua edição digital de maio/ junho de 2014, publica matérias sobre a retomada da geopolítica, como o ensaio *The Return of Geopolitics*, de Walter Russel Mead[6].

As abordagens tradicionais têm tido inegável utilidade na compreensão do fenômeno político, mas é importante destacar a abrangência, o dinamismo, e a versatilidade que a utilização da teoria de sistemas trouxe para a análise política.

---

6 A revista *Foreign Affairs*, na edição (digital) de maio/junho de 2014 também publica artigo de G. John Ikenberrg, *The Illusion of Geopolitics*.

5

A ABORDAGEM SISTÊMICA

A Teoria Geral de Sistemas começou a desenvolver-se na década de 1930, embora, segundo o professor Oran Young[1], de Princeton, suas origens venham do biólogo Ludwig von Bertalanffy, ainda na década de 1920. Originou-se por causa da preocupação de cientistas com o que consideravam a excessiva compartimentação das várias disciplinas científicas. A ciência trabalhava em compartimentos estanques, isolados entre si. Essa separação rígida impedia que as descobertas de um segmento científico fossem aproveitadas por outro, o que fazia, frequentemente, com que houvesse duplicação de esforços.

Procurou-se então criar uma "linguagem" comum, que permitisse a comunicação entre vários campos da ciência. Surgiu, em consequência, a Teoria Geral de Sistemas, que se propunha a ser essa língua comum, meio de comunicação entre distintas disciplinas. O impulso maior da teoria dos sistemas veio depois da Segunda Guerra Mundial, com o progresso dos processos de redução de conjuntos de dados, simplificadamente, das técnicas de agrupamento e processamento de grandes quantidades de informações.

---

1 Young,Oran Introdução à Análise de Sistemas Políticos Rio de Janeiro Zahar Editores 1970.

Para permitir a comunicação interdisciplinar a Teoria de Sistemas colocou-se em nível elevado de abstração, condição *sine qua non* para permitir sua utilização por vários segmentos científicos. Evitou-se o detalhamento para se obter ganhos em termos de aplicabilidade.

Em exemplo rudimentar, a Teoria de Sistemas funciona como as notas musicais, que podem ser utilizadas como uma linguagem praticamente universal. É como quadros em branco da representação gráfica - um organograma, ou um fluxograma - em que esses espaços podem ser preenchidos com diversos conjuntos de dados, sejam biológicos (sistema nervoso, sistema digestivo), mecânicos (sistema de freios de um automóvel) e assim por diante.

Em síntese, a teoria de sistemas é útil como uma estrutura teórica que pode ser utilizada por vários campos do conhecimento humano. Do livro organizado por David Easton, Modalidades de Análise Política, constam dois ensaios, de Anatol Rapoport, da Universidade de Michigan e do próprio Easton, da Universidade de Chicago, que apresentam com clareza as aplicações da Teoria de Sistemas no campo da política[2].

Assim, em termos simples, podemos considerar que um sistema é formado por um conjunto de elementos em interação. Esses elementos devem ser identificáveis, bem como suas relações. Esse alto nível de abstração nos permite identificar como sistema tanto o sistema solar, como um sistema ecológico, um sistema rodoviário ou ferroviário, um sistema nervoso (por exemplo, na medicina) quanto um sistema partidário, um sistema internacional. São todos conjuntos de elementos em interação.

Os sistemas colocam-se em um meio ambiente, ou entorno, com o qual não se confundem, e com o qual devem ter limites bem definidos. Da teoria de sistemas derivam várias possibilidades úteis para a análise política. A primeira refere-se à interação do sistema com seu meio ambiente imediato e mediato.

---

2 Easton, David, organizador, Modalidades de Análise Politica Rio de Janeiro Zahar Editores 1970. O artigo de Anatol Rapoport, da Universidade de Michigan e o do organizador David Easton são bastante claros e didáticos e destacam a capacidade de reformulação e renovação dos sistemas.

Dessa maneira, se considerarmos a atividade política como um sistema, esse sistema teria como entorno imediato a sociedade e como meio ambiente mediato a sociedade internacional. Por exemplo, o sistema político brasileiro se insere na sociedade brasileira, imediatamente, e de forma mediata, no mundo.

O sistema interage com seu entorno por meio de *inputs* e *outputs*, entradas e saídas. Em um sistema político as entradas podem ser basicamente apoios e demandas, e as saídas a produção de decisões, essencialmente sob a forma de leis. Portanto, o sistema político recebe apoio da sociedade, ou suas solicitações, e as processa, transformando-as em decisões que frequentemente têm a forma de leis, normas gerais e obrigatórias (com poder coercitivo).

Cabe destacar, ademais, a existência dos *withinputs* que são *inputs* gerados dentro do sistema. Os *withinputs* não se originam do meio ambiente, não vem de fora, mas sim das próprias estruturas políticas, dos atores políticos, dos burocratas, dos dirigentes, dos parlamentares. Em outras palavras, são apoios e demandas internas ao sistema. Exemplos simples podem contribuir para esclarecer o papel dessas "entradas internas" do sistema. É o que ocorre quando estruturas burocráticas resistem a ordens dos dirigentes que possam prejudicar interesses dos funcionários públicos (aumento de horário, transferências de local de trabalho, etc.). A contrario senso, quando funcionários pressionam por medidas que os favoreçam (aumentos salariais, promoções). Lembre-se que a construção de Brasília e a mudança da estrutura governamental para a nova capital gerou resistências em setores do Congresso Nacional, da burocracia do Executivo e do Judiciário. No processo de abertura política no Brasil, no Governo Geisel, os segmentos militares e civis mais extremistas pressionaram contra as iniciativas de liberalização, que só se tornou possível pela tomada de medidas de neutralização do radicalismo.

Como vimos, as entradas são basicamente apoios e demandas. O apoio manifesta-se como votos, satisfação com o sistema, níveis de popularidade de governantes, e as demandas podem ser, por exemplo, por mais liberdade, por melhorias de infraestrutura, por construção de escolas, por mais emprego, etc..

Os *inputs* entram no sistema, e os *outputs* dele saem por meio do que chamamos canais, que são condutos ligando o sistema ao meio ambiente.

Um sistema político, que é o nosso foco de interesse, em relação a seu meio ambiente, pode ser aberto, no sentido de interagir bastante com o entorno (a sociedade), ou fechado, com pouca interação com seu meio ambiente. O grau de interação será influenciado diretamente pela adequação e desobstrução dos canais. Os canais de entrada de um sistema político são, por exemplo, os parlamentos, que levam as demandas e os apoios da sociedade para o sistema. Um parlamento pouco atento ou de baixa qualidade será deficiente como canal de *inputs* para o sistema.

Da mesma forma, o sistema pode não ter canais efetivos de transmissão de suas medidas e decisões para a sociedade, ou suas decisões podem ser lentas (ou apressadas demais) e inadequadas, como em situações em que o sistema está esclerosado ou com canais obstruídos.

Pode ser o caso de decisões que tardam a chegar à sociedade, ou que diferem do esperado, como ocorre com leis não efetivas, ou providências para um desastre natural que se atrasam ou não correspondem às necessidades reais do entorno. Às vezes, a existência de inúmeros níveis de implementação das decisões obstrui o canal de saída, e diminui o fluxo de interação com a sociedade. Trata-se aqui, por exemplo, de situações em que as respostas do governo às consequências de um desastre natural (inundações, secas, terremotos, etc.) são atrasadas pela burocracia, e a assistência à população necessitada não chega em tempo hábil.

O sistema político pode ser visto como um mecanismo de processamento das demandas e apoios, transformando-os em decisões. Esse processamento é considerado adequado, se corresponde ao esperado pela sociedade, ou deficiente, por exemplo, por falta de capacidade decisória dos elementos centrais do sistema – os governantes. Às vezes ocorre paralisia desses centros de decisão por disputas internas entre vários grupos integrantes do núcleo governante.

Por outro lado, a produção do sistema também interage com o entorno, gerando mais demandas ou mais apoio, que serão reprocessadas, em uma condição de fluxo, no que se chama de processo de realimentação, ou *feedback*. Ou seja, as decisões são processadas pela sociedade e voltam ao sistema como apoios ou demandas (já transformados quantitativa ou qualitativamente). É o que ocorre quando há uma demanda por liberdade e essa aspiração é atendida por meio de decisões liberalizantes.

Essas decisões são consideradas adequadas, o que gera apoio, ou são vistas como insuficientes e levam a mais demandas por liberdade.

O processo de *feedback* é chamado de positivo quando leva a um incremento da ação inicial, ou negativo, quando conduz a uma correção do movimento inicial. A denominação de positivo ou negativo não implica em juízo de valor, mas sim se refere às consequências do processo de realimentação. Por exemplo, quando um governo reprime um movimento rebelde ou terrorista, esse movimento aumenta a violência de seus atos, e é respondido com repressão mais radical, podemos dizer que há uma realimentação positiva, pois houve incremento do mesmo padrão inicial. Trata-se de mecanismo extremamente útil para analisar situações de radicalização política e, no plano internacional, para o estudo de corridas armamentistas.

O processo de *feedback* positivo pode, potencialmente, levar à destruição do sistema. A corrida armamentista que antecedeu os conflitos mundiais de 1914-18 e de 1939-45 foi um dos motivos para eclosão das duas grandes guerras. A radicalização entre as partes na Primavera Árabe, como no caso da Líbia, ocasionou não só a queda do regime de Gadafi como a emergência de um país fragmentado, dividido, inclusive territorialmente, entre as várias facções que participaram da luta.

Já o processo de realimentação negativa, também chamada de corretora, leva a uma correção, a uma mudança de rumo no impulso inicial. Trata-se da situação na qual, em caso de rebeldia violenta, o governo evita a violência, contemporiza e procura neutralizar a revolta por meios pacíficos, com negociação. O *feedback* corretor tem o potencial de contribuir para a preservação do sistema.

Na espiral de manifestações raciais nos Estados Unidos da década de 1960, o governo, que inicialmente respondeu com forte repressão, passou depois a reagir com medidas mitigadoras, como a busca de integração racial, por meio de legislação que coibia a discriminação, e com a neutralização dos setores mais radicais, como os grupos *ku klux klan*. Lideranças negras, de sua parte também procuraram evitar a radicalização e neutralizar movimentos como o *black panthers*. Foram ações que corrigiram o curso inicial da realimentação e que podem mesmo ser em parte ilustradas na frase: "segurem os seus radicais que nós seguramos os nossos" – empregada também no processo de abertura política do Brasil nas décadas de 1970 e 1980.

Ainda no Brasil, as manifestações de junho de 2013, fizeram com que o sistema político, após uma fase de paralisia causada pela falta de informação sobre a insatisfação social, procurasse reverter o ímpeto inicial das contestações, por meio de iniciativas que atendessem as demandas dos manifestantes nos campos do transporte urbano, da saúde, da educação, além de propor reformas políticas. A primeira reação do Governo foi a repressão das manifestações e uma atitude de intransigência.

Com o aumento das contestações, modificou seu curso, em típico *feedback* corretor. Houve também, posteriormente, no âmbito dos protestos, uma correção de rumo, com sua diminuição. A manutenção do curso inicial protestos-intransigência-repressão seria potencialmente destruidora para o sistema, mesmo porque as manifestações que se espraiaram rapidamente pelo país aumentavam também sua intensidade e seu escopo, com um espectro cada vez maior de reivindicações. Ademais, em outra vertente, as manifestações se verificaram em momento de dificuldades econômicas para o país, com baixo crescimento do PIB e aumento de inflação, e no plano internacional com desaceleração da economia chinesa, recessão na Europa, economia americana fraca. As dificuldades vieram após um período de crescimento bastante acelerado, em época favorável à economia internacional que durou até a crise de 2008. Embora evidentemente muito mais complexo, esse resumo do *background* econômico mostra uma das causas das contestações de junho no Brasil.

De volta ao âmbito das relações internacionais, observe-se que a corrida armamentista, tanto nuclear quanto convencional, do início da guerra fria, foi objeto de negociações, como as SALT (*Strategic Arms Limitations Talks*) e START (*Strategic Arms Reduction Treaty* – dois tratados, USA-URSS em 1991 e USA-Rússia em 2010). Esses acordos internacionais configuraram iniciativas bilaterais, entre os EUA e a URSS, sucedida pela Rússia, para corrigir um curso de ação que poderia vir a destruí-los. Na época da Guerra Fria foi criado o termo *Mutual Assured Destruction*, com a sigla *MAD*, que cristalizava a possibilidade de destruição mútua pela inusitada capacidade de destruição das armas convencionais estratégicas e, principalmente, nucleares.

A não utilização das armas nucleares era "garantida" precariamente pelo chamado equilíbrio do terror, a possibilidade do *over kill* – expressão significando além da morte – que espelha a situação do equilíbrio de terror que reinava na Guerra Fria. O mecanismo corretor regulou, portanto, a ação inicial que poderia causar a destruição do sistema internacional.

O *appeasement*, ou apaziguamento, iniciativa do primeiro ministro inglês conservador Neville Chamberlain, antes da Segunda Guerra Mundial, representou uma tentativa frustrada de corrigir o curso de um processo de realimentação que desaguaria em um dos conflitos mais destruidores da história. Chamberlain acreditava que uma política de concessões apaziguaria a Alemanha, que seguia um curso armamentista e expansionista. Buscou, por meio da aceitação de exigências, mudar a direçao da política beligerante de Hitler, sem êxito. As concessões contribuíram para que o Governo alemão se sentisse mais seguro e iniciasse a Segunda Guerra Mundial.

Pode-se citar, ademais, a situação da tradicional rivalidade entre o Brasil e a Argentina. Era um processo histórico, eivado de suspeitas mútuas, que incluía a disputa pela tecnologia nuclear. Os Estados-Maiores das forças militares dos dois países contemplavam uma disputa armada como possibilidade real, e havia forte disposição de tropas dos dois lados da fronteira.

Na década de 1980 iniciou-se processo de distensão entre as duas potencias regionais que começou a reverter o clima de hostilidade. Em 1985, com a assinatura da Declaração de Iguaçu pelo Presidente Sarney e, em 1988, do Tratado de Integração Econômica, começou a consolidar-se uma aproximação bilateral que teve importante marco na celebração do Acordo para o Uso Exclusivamente Pacifico da Energia Nuclear e a criação, em 1991, da ABACC (Agencia Brasileiro- Argentina de Contabilidade e Controle de Materiais Nucleares) pelo Presidente Fernando Collor. Essas iniciativas no campo nuclear foram medidas que visavam à construção de um clima de confiança mútua – as chamadas *confidence building measures.*

Esse conjunto de ações possibilitou a assinatura do Tratado de Assunção, que criou o Mercosul, em março de 1991. Tratou-se de um processo de *feedback* corretor ou positivo, que corrigiu o rumo inicial de beligerância, potencialmente destrutivo, para uma direção de aproximação e integração.

A interação entre o sistema e o meio ambiente abre caminho para a visão de que o sistema político pode regular suas ações. É aspecto destacado por Rapoport em seu artigo no livro "Modalidades de Analise Política" organizado por David Easton[3]. Trata-se aqui de uma das mais úteis características da teoria de sistemas, porque vê as estruturas políticas sob um prisma dinâmico.

O sistema regula suas ações à semelhança do termostato de um aparelho de refrigeração, que reage a uma baixa da temperatura ambiente acionando a emissão de mais calor, e à elevação da temperatura provocando a produção de menos calor. Pode ser comparado também ao piloto que, ao timão de uma embarcação, por meio do leme, vai corrigindo constantemente seu rumo para mantê-la em determinada rota ou direção. É interessante notar que a palavra francesa *gouvernail,* que significa timão, tem a mesma raiz da palavra governo. Comandar ou governar um navio e dirigir uma sociedade apresentam semelhanças que nos auxiliam a compreender a atividade política.

3 Easton, David obra citada.

Uma situação quotidiana, que nos ajuda a entender a atuação dinâmica de regulação do sistema, é a atividade de um motorista ao dirigir um carro. O motorista recebe, continuamente, além de processar e analisar, informações sobre as condições da estrada, como curvas à frente, vindas ou ultrapassagens de outros veículos e condições do clima. Deve estar atento também aos dados de seu veículo, como o nível de combustível, a capacidade dos freios, etc. A partir do processamento de todo esse fluxo de dados vai tomando suas decisões de aumentar ou diminuir a velocidade, de mover o volante para fazer curvas, ou seja, estará continuamente corrigindo seu curso.

Outra consideração importante diz respeito à possibilidade de uma hierarquia dos sistemas, na medida em que um dado sistema pode ser composto de elementos que, por sua vez são, em si, sistemas, ou subsistemas, de um sistema mais amplo. Essa consideração possibilita grande flexibilidade analítica, ao permitir que, por exemplo, o conjunto de partidos políticos possa ser focalizado *per se*, como um sistema, ou como um subsistema de um sistema político. Eventualmente um partido político pode ser visto como um conjunto de elementos em interação – um sistema – com seções regionais, comitês, diretórios.

A hierarquia de sistemas funciona, para o analista, como o mecanismo de *zoom* de uma câmara fotográfica. Ao se aproximar o foco perde-se a amplitude, mas se ganha em visão de detalhes. O afastamento permite a abordagem mais ampla, maior visão do conjunto. O analista tem, assim, à disposição, ferramenta que lhe permite "regular" o enfoque, o que pode ter importante efeito explicativo.

Ou seja, um conjunto de elementos em interação – a que simplificadamente estamos chamando aqui de sistema – pode ser visto como um sistema em si ou como subsistema de um sistema mais abrangente. Nesse caso, as possibilidades teóricas e as aplicações práticas são muito amplas, pois cada elemento poderia se desdobrar em um subsistema.

Para a análise de uma situação política interna, por exemplo, pode-se considerar a existência de um sistema político, *e.g.*, o sistema político brasileiro, que se compõe de vários subsistemas como o subsistema partidário, o eleitoral, o social, o burocrático, etc. Outra escolha seria ver o sistema político como se compondo dos poderes em que se divide a República – o executivo, o legislativo e o judiciário – e cada um deles poderia ser visto como um subsistema (evidentemente essa abordagem vai muito além da abordagem meramente institucional).

Outra possibilidade é enfocar o sistema político brasileiro como composto das unidades federativas, ou institucionalmente os Estados, que podem ser vistos como subsistemas, mas apresentam a possibilidade de serem considerados sob a ótica de um sistema em si. Deve-se registrar que, embora possa ter o mesmo objeto que o enfoque institucional, a abordagem sistêmica é muito mais ampla e dinâmica, pois abarca processos e interações não contemplados pela visão apenas institucional.

No plano externo, pode-se considerar um sistema internacional composto de estados, de países, ou de subsistemas como o econômico, de relações de poder, de relações sociais, ambientais, etc.. Aqui é evidente que a abordagem sistêmica permite-nos uma visão mais ampla e ordenada do cenário internacional e nos proporciona organizar uma realidade que, por sua amplitude e complexidade, se nos apresenta como altamente fragmentária e de difícil apreensão.

Quando se trata do sistema internacional, surge o problema teórico dos limites desse sistema. O sistema internacional não mostra limites definidos em relação a seu meio-ambiente, com o qual se confundiria. Trata-se, no entanto, de questão abstrata que não prejudica o valor explicativo do uso da Teoria de Sistemas para analisar a realidade internacional.

Cabe a observação de que, embora uma grande vantagem da abordagem sistêmica seja nos dar uma visão ampla e abrangente da realidade política, o analista não pode descurar-se da existência do fator humano, individual. Ou seja, deve sempre ter em mente que um ator político pode sofrer um acidente, falecer, ser vítima de enfermidade grave, ou mesmo ter problemas psicológicos ou familiares que prejudiquem a normalidade esperada de suas ações. São acontecimentos fortuitos cuja possibilidade deve ser levada em conta pelo analista político, mesmo que esteja trabalhando com base em uma abordagem tão ampla quanto a sistêmica. Como exemplos, temos o assassinato do presidente John Kennedy em 22 de novembro de 1963, a morte por problema cardíaco do ministro Petrônio Portela em 06 de janeiro de 1980 e o falecimento em desastre de aviação do candidato à presidência Eduardo Campos em 13 de agosto de 2014.

6

TEORIA DA INFORMAÇÃO E CONTROLE (ABORDAGEM CIBERNÉTICA)

A abordagem cibernética originou-se da Teoria de Sistemas. É o sistema político analisado basicamente com o enfoque da informação. Os instrumentos analíticos que se fundamentam na Teoria de Sistemas passaram por grande evolução no final dos anos 1960 e na década de 1970, quando começaram a ser utilizados sob o prisma da informação e do controle[1]. Esse progresso foi possível pelo desenvolvimento da informática, da ciência da computação eletrônica.

Começaram a serem utilizados para o estudo das realidades da política interna e das relações internacionais os modelos informáticos, considerados mais explicativos do que os tradicionais modelos mecanicistas (o relógio, por exemplo) e organicistas ou biológicos (sistema nervoso, sistema circulatório), e outros. Os analistas passaram a ver a política como um sistema de informação e controle – à semelhança de um computador que recebe e processa dados, tem uma função de controle de operações e armazena informações em sua memória. Para fins de clareza e facilidade de compreensão, reiteramos que a abordagem cibernética fundamenta-se na Teoria de Sistemas. Ou seja, o sistema é

---

1 O mencionado livro Os Nervos do Governo, do professor Karl Deutsh, éa grande referência no que se refere à abordagem cibernética. Obra citada, página 208.

visto do ponto de vista da informação, como uma estrutura que recolhe e processa dados, e decide com base nessas informações.

Na chamada abordagem cibernética, os *inputs*, as entradas no sistema, são tratadas como informações, que se originam no entorno imediato, no meio ambiente mediato ou, ainda, de dentro do próprio sistema. Trabalha-se assim com dados. Por exemplo, no caso de determinado sistema político, com informações nacionais (do entorno imediato), dados internacionais (do entorno mediato) e informações recolhidas dentro do próprio sistema. Essas informações são obtidas por meio de mecanismos de coleta e recepção, e vão sendo paulatina e constantemente processadas.

Essas estruturas de recepção são canais de comunicação do sistema político com o meio ambiente e já realizam um trabalho inicial da seleção e processamento dos dados. São exemplos dessas estruturas a imprensa em suas diversas modalidades, as representações diplomáticas no exterior, os parlamentares em contatos com suas bases e regiões eleitorais, os serviços ou as agências de informação (atualmente chamadas de agências de inteligência, por influência anglo-saxônica). Os Estados-Maiores das Forças Armadas têm normalmente uma seção especializada em informações, geralmente chamada de segunda seção. Também organizações como as polícias militares brasileiras adotam essa estrutura, as chamadas PM 2 – que são órgãos de informação, ou inteligência.

No caso da imprensa, o analista deve discernir as tendências ideológicas do órgão, os interesses econômicos, as vinculações com grupos empresariais, com o governo ou partidos políticos, com grupos de interesse. Os editoriais e artigos assinados costumam refletir as tendências e algumas vezes a publicidade em órgão de imprensa constitui bom indício de seu comprometimento com o governo, com setores empresariais ou com grupos de pressão.

O governo e áreas econômicas ou partidárias costumam passar informações de seu interesse para jornalistas que as divulgam. É uma forma de ver a reação do público, em processo de *feedback*. São os chamados balões de ensaio – notícias falsas (ou apenas antecipadas) que visam somente a fazer uma sondagem da reação a medidas planejadas. Ademais, em certos períodos, como no recesso parlamentar ou feriados em que as notícias são mais escassas, os jornalistas dão destaque exagerado a fatos que em situação normal são divulgados discretamente. Trata-se de processos aos quais o analista deve estar particularmente atento.

Merece atenção o processo de contrainformação, pelo qual um serviço de informações (ou de inteligência, atualmente) divulga notícias falsas com vistas a iludir o inimigo ou adversário político. O desembarque aliado na Normandia, o dia D, decisivo para o resultado da Segunda Guerra Mundial, foi precedido de divulgações falsas tanto quanto à data quanto ao local da operação.

Em termos mais básicos, o silêncio quanto a projetos e intenções, na ação política, já funciona quase como uma contrainformação. Faz parte das lendas políticas de Minas Gerais a capacidade de políticos como o antigo governador Benedito Valadares, ou o ministro José Maria Alkmin, de se manterem calados, ou controlarem suas palavras. Consta que o General Golbery do Couto e Silva, ideólogo do ciclo de 1964 e poderoso ministro da Casa Civil, dizia, a respeito da necessidade de manutenção absoluta de certos segredos, que "todo melhor amigo tem seu próprio melhor amigo".

No Reino Unido, o período de férias de verão é chamado de *silly season*, quando fatos políticos insignificantes ganham destaque e, em certos casos, são promovidos a escândalos merecedores de manchetes de primeira página. Esse tratamento da notícia é muito disseminado, inclusive no Brasil. Trata-se, como visto acima, de circunstância a ser observada pelo analista para não se ver induzido a erro.

Também deve estar atento ao artifício do desvio de atenção quando, para tirar o foco da opinião pública de um escândalo político, cria-se fato novo, como uma grande operação policial ou o lançamento de programa de governo. Trata-se de manobra diversionista que merece atenção do observador. Ademais, devemos examinar com cuidado redobrado as acusações que costumam surgir em períodos que antecedem eleições, pois frequentemente visam a prejudicar candidatos. A veiculação de denúncias pode atender ainda ao objetivo de atingir candidatos a funções publicas não eletivas, como cargos no poder judiciário ou na administração governamental.

Um sistema é considerado aberto se tem seus canais de comunicação desobstruídos e eficientes, e fechado quando, por deficiências funcionais, comunica-se pouco com o entorno, por causa, *e.g.*, de obstrução dos condutos. É o que acontece com a ocorrência de disfuncionalidades por causa da censura ou inexistência de liberdade de imprensa, serviços de informação inadequados ou incompetentes, parlamentos ineficazes ou cerceados em sua capacidade de recolher informações.

O fato, frequentemente criticado, de os parlamentos, como no caso do Brasil, reunirem-se apenas três dias por semana, deve ser visto com cuidado. Normalmente, fora do período de sessões legislativas, os parlamentares visitam suas bases eleitorais. Essas visitas têm o importantíssimo papel de lhes permitir o contato direto com a sociedade e a obtenção de informações que levam para dentro do sistema político. O parlamentar que se circunscreve aos gabinetes e plenários não exercerá a função de conduto de informações meio ambiente – sistema, e vice-versa.

Por outro lado, além da inanição, ou falta de dados, quantitativa ou qualitativamente vitais para o funcionamento do sistema, os condutos podem se ver assoberbados pelo excesso de informações, que ultrapasse sua capacidade de processá-las adequadamente. É a sobrecarga. Esse fluxo de dados além da capacidade de processamento pode dar origem ao "ruído de fundo", semelhante à estática de uma emissão de rádio, e ao que ocorre conosco quando deparamos com uma quantidade de informações que ultrapassa nossa capacidade de ordená-las e entendê-las. A rede mundial de computadores, a *world.wide.web* tem feito com que o acesso à informação aumente exponencialmente e tem criado problemas para a sua absorção e o seu processamento.

No caso de uma organização diplomática, também chamada de chancelaria ou secretaria de estado, com postos espraiados no mundo, os problemas de sobrecarga têm-se agravado. Considera-se que a diplomacia exerce três funções clássicas: representar, negociar e informar. A função informar é exercida pelos diplomatas, no mundo inteiro, por meio do recolhimento de informações obtidas na imprensa, na *web*, nos contatos oficiais e sociais nos países em que servem, por intercambio de informações com outras chancelarias, etc. Essas informações são processadas e enviadas ao centro do sistema.

Ocorre que, além da multiplicidade de fontes, que por si já demanda uma capacidade de seleção e extração do essencial, a velocidade com que se tem acesso à informação é cada vez maior. A informação chega em tempo real, em "cargas múltiplas" e exige do diplomata grande discernimento para distinguir o importante do secundário. O telegrama - termo empregado pelas chancelarias para designar suas comunicações - não pode mais apenas informar um fato. A informação fatual seguramente já estará disponível de modo praticamente imediato pela *internet*. Deverá então o telegrama conter informação já com adequado grau de processamento, já com a análise e a construção de cenários, para ter utilidade.

Além da diplomacia, os serviços de informação (também chamados de inteligência), civis e militares, enfrentam as mesmas dificuldades de sobrecarga e os mesmos desafios. Depois dos ataques terroristas de 11 de setembro 2001, o aumento exponencial da captação de dados pelos órgãos de informação dos EUA e das potências ocidentais tem feito que estejam constantemente sobrecarregados, com fluxo de entradas que ultrapassa sua capacidade de processamento. Essa sobrecarga naturalmente prejudica sua capacidade operacional. Esse é um dos fatores que explica várias situações nas quais os órgãos de segurança são surpreendidos por ações inimigas.

O êxito do ataque ao consulado dos Estados Unidos em Bengazi na Líbia por Cadafi, em setembro de 2012, e a morte de embaixador americano na ocasião, podem ser, pelo menos em parte, imputados à deficiência do esquema de segurança, causada pela sobrecarga de dados, e à dificuldade de os órgãos de informação americanos processarem em tempo hábil essas informações. Essa situação foi objeto de investigação pelo Congresso norte-americano (maio de 2013).

Ainda na vertente da sobrecarga, matéria publicada[2] no jornal O Estado de São Paulo aborda o problema da sobrecarga de dados de que sofrem os órgãos de informação dos Estados Unidos.

---

2 EUA são incapazes de analisar fluxo inédito de dados sobre o terrorismo", de autoria de Lourival Sant Anna no Estado de São Paulo *on line* de 08.06.2013.

Também em 2013, a imprensa internacional destacou a revelação de que as grandes empresas operadoras de *internet* têm passado a órgãos de informação americanos enorme quantidade de dados pessoais e comunicações de usuários, em detrimento do direito à privacidade. Essa revelação levantou críticas ao Presidente Obama e aguerridos pronunciamentos da oposição republicana. Embora mais ligada aos aspectos da falta de respeito ao direito das pessoas de não terem sua privacidade violada, a cobertura da imprensa mostra o exponencial aumento do fluxo de informações tornadas disponíveis pelo avanço tecnológico e as dificuldades em processar esse fluxo, que sobrecarrega o sistema.

Situação contrária à sobrecarga, a inanição, como vimos, caracteriza-se pela deficiência quantitativa ou qualitativa na captura e processamento de informações. Os receptores não obtêm informações suficientes para alimentar o sistema e possibilitar um adequado processo de tomada de decisões.

Nas manifestações de junho de 2013 no Brasil, o Governo foi surpreendido pela dimensão e caráter dos protestos. As estruturas de recepção e processamento de informações claramente não forneceram dados adequados aos centros decisores, que se viram em quase total paralisia. As posições dos membros do Governo foram desencontradas e as reações, díspares, sem coordenação, oscilavam entre as intenções de repressão e de negociação, enquanto os protestos ganhavam dimensão crescente.

A atuação insatisfatória dos órgãos de informação pode ser, em parte, atribuída ao tipo diferente de protesto, sem liderança clara e com uma agenda ou ideário bastante difuso. No entanto, a função dos mecanismos receptores é exatamente a busca de informações, e existiam, na própria imprensa, vários indícios de insatisfação popular em diversos campos, inclusive com a inflação – uma das causas do sentimento de revolta que se espraiou rapidamente.

A utilização das redes sociais para a comunicação entre os diferentes segmentos de manifestantes não pode ser culpada pela inanição, pois esse novo método de convocação e coordenação já estava sendo empregado em vários movimentos como no *Occupy Wall Street*, na Primavera árabe, e na Turquia de 2013. Matéria de 23 de junho de 2013 de O Estado de São Paulo *on line*, assinada por Tânia Monteiro, procura mostrar aspectos da deficiência de serviços de informação como a ABIN (Agência Brasileira de Inteligência), subordinada ao Gabinete de Segurança Institucional da Presidência da República, caracterizando a disfuncionalidade chamada inanição nos episódios de junho de 2013 no Brasil.

No plano das relações internacionais, um caso clássico de inanição foi a surpresa norte-americana com o ataque japonês em Pearl Harbour, no Havaí, em dezembro de 1941. O Japão encetou um ataque preventivo para neutralizar o uso da Frota do Pacífico americana. Apesar da tensão já existente à época entre as duas potências, a possibilidade da agressão não foi sequer vislumbrada pelos serviços de informação dos EUA. A revista *Foreign Affairs*, em seu volume 70, numero 5 (*Winter* 1991/1992) publicou interessante artigo de David Kahn sobre o tema, *The Intelligence Failure of Pearl Harbour*, com destaque para a falta de informações, por causa da incapacidade de os EUA quebrarem os códigos secretos japoneses.

O governo dos Estados Unidos foi claramente surpreendido pela velocidade das vitórias dos insurgentes e pelas defecções nas forças armadas iraquianas, no rápido avanço das tropas que visavam à formação do estado Islâmico da Síria e do Iraque, em 2014. Não é possível ainda saber (inanição ou sobrecarga?) o que causou uma situação na qual os americanos se viram despreparados para reagir de imediato à ofensiva do Estado Islâmico. Mas, houve, evidentemente, uma deficiência dos serviços de informação[3].

As informações, em contínuo processamento, são conduzidas aos centros de coordenação e de comando do sistema, e são a base sobre a qual o sistema toma decisões e adota políticas e diretrizes. Portanto, um fluxo adequado de informações, tanto qualitativa quanto quantitativamente, é imprescindível para que o sistema tome decisões corretas.

---

3 Editorial do International New York Times de 14/15 de junho de 2014 (pagina 8) edição impressa diz ser surpreendente que os iraquianos e os americanos, que trocam informações, pareçam ter sido apanhados despreparados (flat-footed) pela velocidade das vitorias insurgentes. Cremos que na análise dessa situação cabe, ademais, levar em conta uma certa paralisia e descoordenação dos núcleos decisórios dos Governos norte-americano e iraquiano, embora essa consideração não diminua a importância da falha na área de informações.

O que se chama de correção das decisões não implica juízo de valor, no sentido de que esses comandos sejam, por exemplo, justos, injustos, ou éticos. Considera-se que sejam resoluções funcionais, ou eficazes, no sentido de que permitam ao sistema pelo menos sua sobrevivência, e possivelmente a sua expansão e renovação.

As decisões de um sistema político são, tipicamente, dotadas de caráter coercitivo, mas no âmbito da abordagem cibernética, são vistas primordialmente como informações que saem do sistema para o meio-ambiente com o qual vão interagir, em processamento contínuo, e ao qual voltam sob a forma de realimentação ou *feedback* constante, possibilitando a tomada de novas decisões.

Um sistema, com base no fluxo de informações externas, mas também nas informações internas ou intra-sistêmicas (os *withinputs*, dados de dentro do próprio sistema), pode regular suas ações. Pode, portanto, analisar constantemente seu grau de legitimidade, ver o nível de apoio da população com que conta e, em caso de desgaste, empreender ações corretivas, que retomem o apoio necessário à própria sobrevivência ou à consecução de objetivos no plano interno ou externo. Tanto a inanição quanto a sobrecarga de informações podem levar a decisões equivocadas.

Ademais, o centro de controle do sistema, onde se tomam as decisões, pode ter sua capacidade analítica prejudicada por lutas grupais, pelo enraizamento de percepções ideológicas, ou mesmo por falta de capacidade operacional que podem torná-lo disfuncional.

O professor Deutsch no clássico "Nervos do Governo"[4] chega a afirmar que a história das revoluções é, em parte, a história do fracasso dos serviços de informação dos governos derrotados. Acrescenta o problema das decisões equivocadas, não só pelo aspecto da informação, como pelos erros de análise de situações por parte dos centros decisórios, e destaca a série de equívocos de discernimento da monarquia francesa no período de 1789 a 1792.

Um sistema classificado como regime autoritário ou totalitário frequentemente é destruído por não permitir que seus canais de comuni-

---

4 Deutsch, obra citada, pagina 208.

cações estejam desobstruídos e deem acesso a informações sobre os reais sentimentos da população e, assim, não podem agir em consonância com esses sentimentos e perdem apoio.

Cabe aqui uma sintética digressão sobre essa tipologia. Regime totalitário é aquele que se fundamenta em uma ideologia que se considera capaz de explicar a história e as relações políticas e econômicas de modo abrangente e dogmático. Assim, essa ideologia permeia toda a vida social, em seus múltiplos aspectos, mobilizando, atingindo e influenciando a esfera privada dos cidadãos. São exemplos os regimes fascista na Itália, nazista na Alemanha e o regime da antiga URSS.

Já os regimes autoritários têm como características o pouco respeito pelas liberdades políticas e o uso de repressão contra adversários, o controle pelo menos parcial da imprensa, mas não possuem ambições de controle total sobre a sociedade. Por exemplo, o regime nasserista no Egito, ditaduras na América Latina e na África, constituem regimes autoritários, mas não totalitários. Os regimes autoritários caracterizam-se mais pela desmobilização política da população, do que pela mobilização e pela ambição de envolvimento amplo que buscam os sistemas totalitários.

Embora os exemplos neste texto sejam usados apenas com a finalidade de provocar a curiosidade dos estudantes de Ciência Política e Relações Internacionais, e de levá-los a aprofundar os tópicos descritos, algumas situações são bastante ilustrativas. No caso dos recentes acontecimentos da Primavera Árabe fica claro que, entre outros aspectos, os regimes eram sistemas bastante fechados e foram todos surpreendidos com a eclosão das revoltas, além de terem tido dificuldades na iniciativa de resposta à insatisfação.

Outros aspectos da Primavera Árabe, foram problemas de ordem econômica (elevação de preços de alimentos), a emergência de segmentos jovens com maior preparo intelectual (inclusive por meio de cursos no exterior), mas desempregados, subempregados ou com dificuldade de assumirem funções a que se consideravam merecedores. Os sistemas políticos na região claramente não estavam informados sobre as causas de revolta, e ademais tiveram problemas de coordenação dos centros decisores. Não houve antecipação e as ações foram geralmente tardias.

No caso da Guerra das Malvinas, Falklands para o Reino Unido, em 1982, houve a toda evidência um problema de erro de avaliação das estruturas de informação, processamento e análise do sistema político argentino. A direção do sistema argentino não acreditou que o Reino Unido deslocaria uma força-tarefa da magnitude que se viu para defender e retomar as ilhas. Outro erro de avaliação foi não crer que os EUA tomariam o partido do Reino Unido e o apoiariam na empreitada.

É interessante também registrar que a diplomacia argentina não percebeu que a posição britânica em relação às Malvinas era uma política de estado e não apenas uma posição do Governo conservador liderado pela Primeira Ministra Thatcher. Terminada a guerra, os diplomatas argentinos procuraram aproximar-se dos trabalhistas, pois acreditavam que o Labour Party teria uma posição muito mais flexível do que os Tories e negociaria o *status* das ilhas. Outros aspectos do problema das Malvinas, como o fechamento do sistema político argentino de então e a utilização da figura do inimigo externo como processo de legitimação, podem ser abordados por outros instrumentos. É constante, em situações de conflito, o emprego da figura do inimigo externo para unir e mobilizar a população.

Uma dimensão que o analista político deve considerar em relação às atividades do sistema é a temporal. Mas adiantamos que também é útil prestar atenção ao uso do tempo pelos atores individuais. Getulio Vargas era exímio na manipulação do tempo. Em seu livro "Getúlio 1930-1945"[5] o autor Lira Neto escreve : "Getúlio, mais uma vez, fizera do tempo seu cúmplice".

As ações de um sistema político, do ponto de vista temporal, do *timing*, podem ser vistas como prematuras, adequadas ou retardadas. As ações prematuras, causadas por deficiência no processamento de infor-

5 Para o processo de abertura politica eh interessante a leitura do volume 4, o Sacerdote e o Feiticeiro, de A Ditadura Encurralada, de Elio Gaspari. (Editora Intrínseca, Rio de janeiro, 2014).

mações ou por disfunções no centro de decisão do sistema podem ser extremamente prejudiciais ao funcionamento adequado (repetimos, sem juízo de valor) do sistema.

A violência do Governo sírio na repressão às primeiras e praticamente inofensivas manifestações de insatisfação (ações de estudantes "grafiteiros") foi prematura e desproporcional, e em mecanismo de *feedback* positivo, contribuiu para a escalada de violência. No plano interno, às vezes o lançamento público de uma candidatura a cargo eletivo com demasiada antecedência pode favorecer o ataque de adversários e levar a desgaste e derrota.

Ações temporalmente adequadas são importantes para a funcionalidade do sistema, pois respondem em tempo apropriado às demandas do meio ambiente. Essas ações podem ser fundamentadas no mecanismo da antecipação, quando o sistema, por meio da avaliação das informações, cria cenários futuros, prevê o seguimento do processo político e toma decisões para corrigir ou adequar situações a suas necessidades ou objetivos, ou para evitar a ocorrência de acontecimentos que podem vir a prejudicá-los.

No Brasil, na recente história do fim do ciclo de 1964, antecipação foi o que ocorreu quando o núcleo decisório do sistema político brasileiro tomou a iniciativa de dialogar com setores representativos da sociedade como a oposição partidária, a Igreja Católica, sindicatos, a Ordem dos Advogados, para o processo de abertura política iniciado no Governo Geisel em 1974.

Esse processo, idealizado pelo então Chefe da Casa Civil General Golbery, e no qual teve participação decisiva o Ministro da Justiça Petrônio Portella, levou à eliminação da censura à imprensa, ao fim do Ato Institucional numero 5 (o AI-5 de 1968, que representou um endurecimento do regime de 1964) e à reforma partidária. O regime teria se dado conta que sua persistência como sistema fechado poderia levar à sua própria ruptura. Percebia a insatisfação de amplos segmentos sociais e o surgimento de parcelas de uma nova elite (a chamada contra-elite, como veremos mais tarde) que se considerava preparada para assumir o governo (o Partido dos Trabalhadores fazia parte dessa contra-elite). É interessante notar que a suspensão da censura foi um dos passos iniciais da abertura e visava a desobstruir os canais de comunicação do sistema com a sociedade. Para o processo de abertura é interessante a leitura do livro "O Sacerdote e o Feiticeiro"[6] de Élio Gaspari.

Getúlio Vargas, que tinha domínio do uso adequado da dimensão temporal em política, conseguiu prever o esgotamento do modelo do Estado Novo e agiu com antecipação ao estimular (em 1943) a criação de um partido trabalhista, o PTB. Na projeção feita por Getúlio, o PTB seria importante na futura reabertura do processo político, que ocorreu em 1945[7].

O processo de abertura do Governo Geisel, bem como a criação do PTB, configurariam, assim, uma ação preventiva. Os coordenadores centrais anteciparam um cenário ameaçador e tomaram a iniciativa de fazer mudanças que possibilitassem a renovação não violenta do sistema. A título ilustrativo, lembramos que consta que o general Golbery recomendava que sempre se deve ter em mente, ou planejado, pelo menos o próximo passo de uma ação política. No plano internacional, exemplo recente de antecipação é o do ataque israelense, na Síria conflagrada, na primeira semana de maio de 2013, a carregamento de mísseis que se dirigiriam ao Hesbolah, para provável futura ação anti-Israel.

Exemplo clássico é o da ação israelense no início da Guerra dos Seis Dias, em 1967, quando na manhã de 5 de junho a aviação de Israel, em *preemptive action*, atacou e destruiu grande parte da força aérea egípcia em terra, praticamente inutilizando também os aeroportos egípcios, e evitando os prejuízos de um ataque devastador.

Ainda como antecipação, temos a situação configurada pela intenção do Governo brasileiro de privatizar a empresa de eletricidade Furnas. O governador do Estado de Minas Gerais, onde está situada a principal usina da empresa, determinou, em 1999, que a Polícia Militar realizasse manobras de treinamento de envergadura na área circundante às instalações da hidrelétrica. A realização dessas operações abortou

---

6 Skidmore,Thomas. Brasil de Getúlio a Castelo 3ª edição Editora Paz e Terra Rio de Janeiro 1975.

7 Deutsch, obra citada, pagina 242.

a pretendida privatização, pois os eventuais investidores não se arriscariam a colocar vultosos capitais em empreendimento ameaçado pelo Governo estadual.

No importante "Os Nervos do Governo"[8] o professor Karl Deutsch dá como exemplo de antecipação os caçadores que "se antecipam" aos alvos em voo, atirando na posição prevista em uma trajetória, apontando um pouco à frente do alvo, para atingi-lo quando passar por essa posição. É o que se verificou nos casos acima citados de *preemptive action.*

Embora os movimentos revolucionários de mudança política não sejam monocausais, a queda violenta de Ceauscescu na Romênia, em 1989, pode ser vista como consequência de um fechamento de canais que levou o regime a ser surpreendido e imobilizado, com transição muito mais brusca do que o restante da Europa do Leste. Nesse caso houve um atraso ou retardamento da reação do sistema que se viu incapacitado para responder aos desafios do seu entorno.

Já a *Perestroica* e a *Glasnost,* incentivadas por Gorbachev na década de 1980 na antiga União Soviética, podem ser consideradas no âmbito de ações de antecipação. Setores decisórios importantes do sistema político soviético de então já tinham a percepção de que o sistema, tão fechado como naquela configuração, não poderia durar por muito tempo, e deveria ser tentada uma reformulação. *Glasnost* pode ser traduzido como abertura e *Perestroica* como reconstrução – esses dois processos interligados significaram a abertura de canais de comunicação e de participação, em sistema até então extremamente fechado, e levaram à reformulação do sistema por sua própria iniciativa. É uma auto-reconstrução.

Exemplo atual de antecipação, no plano internacional, é a nova estratégia norte-americana em relação ao crescimento da presença global chinesa em termos econômicos, mas também estratégicos. Os EUA, antecipando o desafio da China, lançaram a *Transpacific Partnership*, iniciativa de caráter econômico, mas também passaram desde fins de 2011, a agir no sentido de reforçar sua presença militar regional. Foi

8 Reitere-se que a leitura de Os Nervos do Governo é recomendação essencial para o analista politico.

feito acordo com a Austrália para aumento paulatino de tropas de deslocamento rápido aquarteladas em território australiano, além de incrementar outras de suas alianças regionais.

As informações obtidas no entorno do sistema e as informações intra-sistêmicas são encaminhadas aos centros decisórios do sistema, mas também se dirigem às estruturas de memória. Essas são estruturas de armazenamento das informações, em sentido amplo. São aí guardadas as experiências passadas do sistema, como as tomadas de decisões, as tradições, a história, as normas, as leis, e, ademais, são depositados ou acumulados nas estruturas de armazenamento, ao longo do tempo, os valores do sistema.

Esses valores funcionam como parâmetros ou limites às ações do sistema. Incluem-se nesse contexto valores políticos e ideológicos, democráticos ou não. O processamento das informações para a tomada de decisão inclui também a análise combinatória do fluxo atual de dados com as informações recuperadas da memória.

A memória tem uma dimensão física com arquivos públicos e privados, museus, bibliotecas, mas compõe-se também dos usos e costumes, das tradições, dos bens culturais, dos códigos de conduta que, embora intangíveis, estão presentes no meio-ambiente e impregnam o próprio sistema.

A combinação de informações atuais com dados recuperados da memória permite ao centro decisório do sistema evitar erros ou a repetição de erros do passado, e o respeito aos valores faz com que as decisões não desobedeçam aos limites estabelecidos e desejados pelo meio ambiente. Essa obediência aos valores da sociedade é uma forma de o centro de decisão procurar manter um grau de legitimidade adequado.

Como exemplo, a estrutura decisória de uma democracia ocidental, com princípios democráticos enraizados, tenderá a não tomar decisões de caráter autoritário. Os valores democráticos funcionarão como elemento de dissuasão ou como limites bem definidos para a ação governamental. É impensável, em condições normais, a articulação de um golpe de estado nas democracias europeias ou nos EUA, ou no Canadá, por exemplo, na mesma medida em que é difícil a implantação de um sistema político democrático em alguns países africanos ou árabes sem cultura democrática aprofundada.

Ademais, a abordagem cibernética mostra que os sistemas políticos têm capacidade de aprendizagem, e conseguem renovar-se reagindo e adaptando-se aos desafios de seu meio ambiente. O *feedback* negativo ou corretor tem um papel essencial nessa capacidade de o sistema aprender e renovar-se, ao passo que o *feedback* positivo, levando a uma crescente reação similar à reação inicial seria potencialmente destruidor do sistema. Reitere-se que nesse *approach* cibernético o mesmo processo de realimentação visto no capítulo anterior é considerado sob o prisma da informação. O padrão de oscilação histórica da política externa norte-americana entre o isolacionismo e o intervencionismo pode ser visto como um constante aprendizado que busca a preservação do sistema por meio da renovação de diretrizes estratégicas.

O processo de criação da União Europeia iniciado no pós Segunda Guerra pode também ser visto como parte de um esforço dos sistemas políticos europeus para sua renovação e preservação. Esses sistemas aprenderam com as dramáticas experiências das duas grandes guerras e procuraram, pela integração de interesses e pela união, a princípio econômica e posteriormente política, evitar a repetição das aventuras bélicas.

Duas críticas são costumeiras em relação à abordagem cibernética. A primeira estatui que, ao privilegiar uma visão de conjunto, ou sistêmica, esse enfoque impede a visão de que ações individuais possam ter influência importante e mesmo decisiva no processo político. Outra crítica argumenta que a visão cibernética seria conservadora, no sentido de que o sistema político é visto como uma realidade e aceita como tal, sem questionamentos de caráter político ou ideológico. A primeira crítica é respondida pela utilização do bom senso (o *common sense* anglo-saxônico) que nos mostra que em determinadas situações, mesmo que se adote a ferramenta de abordagem sistêmica, a ação individual é de vital importância – é o caso de lideranças carismáticas como Ghandi, Hitler, Stalin, Churchill, etc.

A segunda crítica (que é dirigida também ao estrutural-funcionalismo) é respondida pela consideração de que a abordagem sistêmica, e a sua descendente cibernética, procuram apenas explicar a realidade política e não têm a ambição de modificá-la.

Deve-se notar que, apesar da generalizada aceitação da importância da informação para a tomada de decisão, um dos maiores autores clássicos da estratégia militar, o general prussiano von Clausewitz, autor da obra "Da Guerra", deu pouquíssimo destaque ao tema, chegando mesmo a menosprezá-lo. Maquiavel tampouco deu ênfase ao assunto.

7

A ABORDAGEM DISTRIBUTIVA

Outra ferramenta extremamente útil é a chamada abordagem distributiva, em que o sistema político é visto como uma estrutura de alocação de valores, ou seja, de distribuição de valores na sociedade. O sistema político, em condição de fluxo, está constantemente alocando e realocando valores. Consideram-se valores tudo aquilo que prezamos, tudo a que damos alguma importância. Esses valores são entendidos de forma ampla, englobando tanto aspectos materiais quanto não materiais[1].

Valores materiais seriam bens, riqueza, meios de produção (como máquinas industriais), propriedades imobiliárias e mobiliárias (ex. ações de empresas, títulos de credito), etc. Os valores materiais englobam o que a ciência econômica chama de bens escassos. No segundo capítulo de seu livro "Introdução à Analise Econômica"[2], o professor do MIT e premio Nobel de Economia Paul Samuelson ensina que a econo-

1 Lasswell, Harold. obra citada

2 Samuelson, Paul Introdução à Análise Econômica editora Agir 1975 Rio de Janeiro Tomo 1 página 19.

mia estuda "o que, como e para quem produzir", e que essas escolhas são necessárias porque os recursos disponíveis são limitados.

Trata-se de um enfoque similar ao da abordagem distributiva da Ciência Política, embora a nossa visão seja mais ampla, pois engloba também, e com ênfase, recursos não materiais. Os valores imateriais são bens como a liberdade, o poder, a autoridade, a posição social ou o *status*, o conhecimento, as honrarias e os títulos. São valores que prezamos e, na verdade, à semelhança da conceituação de Samuelson, são valores também escassos, no sentido de que não são disponíveis ilimitadamente.

A posição social de um indivíduo, ou de um grupo, os diferencia e os destaca no âmbito da sociedade a que pertencem, e essa diferenciação é por eles valorizada e objeto de tratamento distributivo pelo sistema. Um exemplo é a iniciativa de criar mais universidades por parte do Governo, o que leva a uma redistribuição do valor conhecimento e eventualmente também do valor título, que será atribuído aos detentores de curso superior. Uma parcela da população será beneficiada com mais conhecimento e com títulos universitários, por meio da redistribuição operada pelo sistema.

As políticas de exoneração de impostos, também chamadas de desoneração fiscal, para determinados setores da economia (indústria automobilística e indústria de eletrodomésticos *e.g.*), como as empregadas pelo governo brasileiro para combater os efeitos da crise internacional que eclodiu em 2008, representam um exemplo de alocação de valores[3].

Da mesma forma, os incentivos fiscais para certas regiões, como nos programas para o Nordeste por meio da Superintendência de Desenvolvimento do Nordeste – SUDENE e da Superintendência de Desenvolvimento da Amazônia – SUDAM, configuram uma redistribuição de valores, no caso materiais. Essa alocação tem ademais efeito nos valores não materiais pois influencia também o poder político regional, o *status*

3 São as chamadas políticas econômicas keynesianas, com origem no pensamento do economista inglês John Maynard Keynes, Lord Keynes. Contemplam intervenção estatal para estimular ou desestimular a economia, por meio de medidas como mudanças nas taxas de juros, alteração de depósito compulsório, aumento ou diminuição de liquidez no sistema econômico.

das lideranças, e eventualmente a situação econômica e social da população das regiões beneficiadas. Cabe citar aqui também a distribuição de cargos públicos em troca de apoio político, popularmente conhecida pela expressão "é dando que se recebe". As iniciativas de redistribuição de renda, a exemplo da "bolsa família" e outros, são amostras típicas de alocação de recursos materiais.

De outra parte, a distribuição de honrarias, como títulos, comendas e medalhas, funciona como uma forma de distinguir e premiar pessoas ou grupos de acordo com critérios da sociedade. No Reino Unido, e em outras monarquias, o monarca continua a poder outorgar títulos de nobreza, premiando trabalhos prestados ao país – o que tem grande efeito de cooptação. Nas repúblicas, as comendas, civis e militares, têm o mesmo objetivo, o que mostra o apreço que a sociedade tem por símbolos de distinção e diferenciação não materiais. Naturalmente a distribuição excessivamente generosa de honrarias tende a desvalorizá-las, desgastando sua função de diferenciação social.

Assim, o sistema político é analisado sob o ponto de vista da sua função de distribuição desses valores na sociedade. Essa alocação é normalmente em forma de fluxo, ou seja, o sistema está constantemente procedendo à distribuição e redistribuição de valores.

O sistema distribui esses valores de forma não coercitiva, pelo uso da influência, da propaganda, de métodos de convencimento ou persuasivos. A estrutura política pode também realizar essa alocação por meio de métodos coercitivos, pela repressão, prisão, seja pela coação direta ou seja pela ameaça de utilização da força.

Quando é preso, um individuo é privado de um valor – a liberdade – e a mera ameaça de privação desse valor é em muitos casos suficiente para a consecução dos objetivos do sistema.

Os valores são organizados em escalas, em nível individual, grupal, ou social, de acordo com quem os compartilha e com o grau de importância que se dá a eles. Todos nós, pessoalmente, temos nossa escala de valores.

Alguns prezam mais a riqueza do que o poder, para outros o poder é preponderante. Algumas pessoas dão mais importância aos bens espirituais, como a religiosidade, a salvação, etc., do que a riquezas materiais ou terrenas. Para outras, os bens materiais são mais relevantes.

Da mesma maneira, grupos tendem a compartilhar valores comuns, dentro de uma ordem de prioridade. Se um grupo religioso coloca como ponto mais alto a vida de acordo com os princípios de sua fé, um grupo de investidores poderá colocar o lucro como o seu objetivo maior. Uma sociedade basicamente religiosa tenderá a dar prioridade a seus valores espirituais em muito maior dimensão que uma sociedade laica.

Os distintos grupos que integram uma sociedade, nessa visão, seriam formados por pessoas que comungam os mesmos valores, ou pelo menos, valores semelhantes. Suas escalas de valores individuais combinam com a escala prevalecente no grupo de que fazem parte. Uma sociedade política é composta pela soma ou conjunto de grupos que compartilham valores mais amplos, como o patriotismo, o orgulho de pertencer a uma nação, o orgulho de fazer parte de determinado Estado, a consciência de pertencer a um espaço ou território, a percepção de integrar uma cultura, falar a mesma língua, etc..

Não se pode esquecer, por outro lado, que os indivíduos podem exercer diferentes papeis (ou funções) simultâneos. Ou seja, exercem mais de um papel, ao mesmo tempo, como atores sociais. A mesma pessoa exerce a função de, *e.g.*, pai de família, de profissional, de membro de um partido político ou de uma denominação religiosa. Dessa forma, poderá fazer parte de distintos grupos ao mesmo tempo. O grau e a intensidade de participação nos diferentes grupos será função, naturalmente, de sua escala individual de valores, que dita as suas prioridades.

Uma pessoa pode portanto ter a profissão de advogado e exercer atividades jurídicas, ao mesmo tempo em que pratica a equitação, é membro de associação beneficente de auxilio a portadores de esclerose múltipla, é militante de um partido político – seu empenho em cada uma dessas funções será determinado pela importância que sua escala individual atribui a cada um desses papeis. Concomitantemente, essa pessoa continua a exercer os papeis de pai, de marido, ou de filho.

Para proceder à alocação de forma eficiente, o sistema deverá ter a habilidade de conjugar as várias escalas de valores com uma escala de concessões e privações, em outras palavras, de prêmios e castigos, sendo o castigo mais severo a privação de liberdade ou da própria vida.

A escala concessão - privação não funcionará se não estiver em harmonia com as escalas de valores individuais, grupais e sociais. Por exemplo, para um terrorista fanático, um homem-bomba que crê que seu sacrifício será recompensado com o paraíso depois da morte, a ameaça da pena capital não o dissuadirá de cometer um atentado. Se, em outro exemplo, um pai ameaça o filho adolescente de proibi-lo de jogar *videogame* se não estudar, e o adolescente diz não gostar de videogames, há uma defasagem entre a escala de valores do jovem e a escala concessão-privação empregada pelo pai e a ameaça do castigo não funcionará.

Na luta pela independência da Índia, as atitudes pacifistas de Ghandi e de seus seguidores surpreendiam os militares e funcionários coloniais britânicos, pois o pacifismo como forma de luta não coadunava com a escala de valores da potência colonial, e muito menos com a escala concessão-privação de que os ingleses estavam imbuídos. Ou seja, a resistência pacífica não se encaixava no modo de pensar dos colonizadores, que não sabiam como lidar com valores e procedimentos para os quais não estavam psicologicamente preparados.

Os valores são também intercambiáveis, na medida em que se pode considerar a existência de valores-meio e valores-fim. Os valores-meio são importantes não como um objetivo em si, mas como instrumento para a obtenção de outros valores, ou valores-fim. É o caso de pessoas que almejam a riqueza, não por si, mas como ferramenta para a obtenção de poder ou de posição social. A contrário senso, existem pessoas para as quais o poder e a posição social serão meios para atingir a riqueza.

Essa consideração sobre valores-fim e valores-meio ajuda o analista a evitar a simplificação excessiva de considerar que pessoas ou agentes políticos são *single-minded* ou dotados de objetivos únicos. É o que se passa quando o observador político considera que apenas fatores econômicos movem os agentes políticos, ou o eleitorado; ou, ao contrário, que os objetivos são tão somente ideológicos, espirituais ou humanitários, por exemplo. O analista deve estar disposto a captar possíveis sutilezas das escalas de valores.

Nas manifestações brasileiras de junho de 2013, uma das bandeiras dos protestos voltava-se contra os gastos excessivos do Governo com estádios esportivos para os campeonatos internacionais como a Copa do Mundo de 2014, em detrimento de verbas para o transporte público, a saúde, a segurança. Os gastos com a Copa do Mundo passaram a ser considerados, por significativos segmentos da população, como supérfluos.

Essa visão surpreendeu os responsáveis políticos, que consideravam com muita convicção que a generalizada paixão dos brasileiros pelo futebol justificava os gastos, que não seriam objeto de contestação. Na verdade, as pessoas continuavam a gostar de futebol, mas queriam simultaneamente que se fizessem os investimentos necessários em infraestrutura. Os manifestantes adotavam uma posição de bom senso, favorecendo repartição mais equitativa de verbas e não a visão unilateral de dar prioridade absoluta para os investimentos em estádios. Registre-se que havia uma defasagem entre a percepção do governo e a escala de valores prevalecente entre os jovens manifestantes.

Ao participar de uma manifestação de protesto o jovem mostra que, na sua escala, os valores "melhorar o país", "opor-se aos erros", em síntese seu idealismo, estão colocados em ponto mais alto do que os valores comodidade, divertimento ou lazer. As manifestações de junho de 2013 mostraram também, quando se repudiou a participação de partidos políticos, que essas instituições estavam defasadas em relação às escalas dominantes entre os manifestantes, que procuravam novas formas de ação política, embora ainda sem ter clareza sobre essas novas modalidades, que apenas vislumbravam.

De outra parte, os valores não são fixos no espaço e no tempo. Diferentes sociedades, grupos ou indivíduos, terão distintas visões sobre o significado de um mesmo valor. O valor honestidade poderá ter um significado em um país como a Suíça e outro em um país como o Brasil. A consideração de corrupção no meio político como um aspecto negativo a ser combatido dependerá da escala de valores de diferentes sociedades, grupos sociais ou indivíduos. Ou seja, o que é considerado corrupção em determinado meio pode não sê-lo em outro. O nepotismo, *e.g.*, é considerado normal e positivo em segmentos da sociedade brasileira nos quais, por exemplo em pequenas cidades do interior, o prefeito pode ser criticado por não ter dado emprego público a uma parente necessitada.

Ao longo do tempo, ocorre também evolução da escala de valores, que pode ser vista no caso da proteção ao meio ambiente – valor que era praticamente desconhecido de grande parte da população do Brasil na década de 1970 e que hoje tem importância crescente. O valor desenvolvimento econômico, que prevalecia naquele tempo, cedeu espaço ao valor preservação ecológica dos nossos dias. A fotografia heroica de pioneiros derrubando a floresta na abertura da Rodovia Transamazônica, na década de 1970, ou na construção de Brasília na década de 1950, hoje é chocante, principalmente aos olhos das novas gerações, imbuídas de valores ecológicos. Essa mudança de valores transparece também na análise da posição da mulher na sociedade, na posição de grupos étnicos, de orientação sexual, de pessoas com deficiências.

Os centros de decisão do sistema político têm, necessariamente, que levar em conta a evolução da escala de valores para a implementação de diretrizes políticas. A nova posição de diversos grupos, quando já se estabeleceu firmemente na sociedade, não pode ser ignorada nos processos de tomada de decisão.

Ademais, influenciar a escala de valores é importante arma de luta política, como testemunha a atuação de grupos ativistas que, por meio de mecanismos de divulgação, fazem que seus valores passem a permear a sociedade, e a serem levados em consideração no processo decisório de um sistema político. Novos valores vão sendo colocados como aceitos por segmentos preponderantes da sociedade e se firmando como valores normais e não passíveis de críticas. A própria terminologia usada para designar grupos sociais é moldada por esses grupos ativistas de acordo com seu interesse de aceitação ampla dos novos valores. Em nosso tempo, não se aceitam mais considerações pejorativas em relação a setores étnicos, homossexuais, religiosos ou de deficientes. Houve uma absorção bastante ampla pela nossa sociedade de iniciativas tendentes a fazer com que novos valores fossem aceitos. A expressão "politicamente correto" reflete esse processo de disseminação de valores.

Essa mudança de valores repercute no próprio linguajar quotidiano, em que algumas palavras podem passar de uma conotação positiva a uma percepção negativa e vice-versa. O título de "Coronel" (da antiga Guarda Nacional, não das Forças Armadas) que denotava status político-social elevado no Brasil até fins da década de 1950, passou a ter sentido pejorativo.

No plano das Relações Internacionais, registre-se que ocorre também um dinamismo da escala de valores, que influencia a própria agenda internacional. São exemplos claros a presença de temas como a ecologia e os direitos humanos, praticamente inexistentes antes da Segunda Guerra Mundial. Embora não signifique que os Estados, no cenário internacional, submetam suas ações ao respeito de temas como esses, é inegável que têm de levá-los em consideração, mesmo que apenas formalmente.

A disseminação da religião justificou, historicamente, guerras de conquista, do que é exemplo a colonização da América Latina. Recentemente, a defesa dos direitos humanos, o combate ao genocídio e os valores democráticos foram utilizados para legitimar intervenções bélicas como na Líbia, em 2011, ou no Afeganistão depois do 11 de setembro de 2001. Os Estados, na arena internacional, procuram legitimar suas ações vestindo-as com o manto dos valores relevantes em determinado momento histórico.

A necessidade da preservação do meio ambiente passa a ter posição destacada na escala de valores da comunidade internacional, principalmente desde a realização da Conferencia Rio 92, e não pode mais ser ignorada pelos Estados-membros do sistema internacional. Mesmo que se adote uma visão radicalmente realista das relações internacionais, que dê muita ênfase ao uso da força, não se pode negar a crescente influência de valores prevalecentes na implementação de decisões políticas.

8

A TEORIA DOS JOGOS

A teoria dos jogos tornou-se, por sua vez, ferramenta extremamente útil e disseminada na análise política. Originou-se na matemática e logo após foi adotada pela ciência econômica. Foi muito desenvolvida para o estudo do comportamento dos agentes econômicos do mercado, principalmente sob o viés de racionalidade, partindo da premissa de que esses agentes atuam com base em cálculos racionais.

Essa racionalidade permitiria a utilização do estudo do comportamento de jogadores (como no xadrez, em jogos de cartas, etc.) para ajudar a elucidar a ação dos agentes econômicos. Ou seja, os estudiosos da teoria dos jogos pensavam que seria útil estudar a atividade dos jogadores para esclarecer situações da realidade. Do campo econômico passou também para a Ciência Política e para as Relações Internacionais. É como se os jogos fossem um laboratório, ou um campo de experimentação, para o estudo e comparação da atividade econômica e política.

São muito divulgados o *chicken game* e o dilema dos prisioneiros. No primeiro, dois jovens dirigem carros, em sentido contrário, na mesma direção um do outro. O primeiro que desviar é a galinha, ou seja, covarde. Esse jogo envolve cálculos constantes de perdas e ganhos por parte dos jogadores, que pensam : eu desvio agora ou espero que o outro desvie? Há sempre a possibilidade de nenhum dos dois jogadores desviarem e se destruírem. Era a possibilidade que existiu na crise dos mísseis cubanos de 1962, quando os dois polos principais da Guerra Fria, os Estados Unidos e a União Soviética, chegaram perto de um confronto bélico direto.

O segundo jogo, dilema dos prisioneiros, utiliza a situação de dois prisioneiros, acusados de terem conjuntamente cometido o mesmo assalto, detidos em celas separadas e sem comunicação entre si. Eles têm que calcular, individual e isoladamente, as vantagens e desvantagens de uma confissão[1]. Trata-se, aqui, de situação análoga à de acusados recentes de malversação de dinheiro público e corrupção no Brasil, que devem pesar os ganhos e as perdas de cooperar com a justiça por meio da delação premiada.

Embora o comportamento político não seja sempre racional, como não o é também o dos atores econômicos (compras de impulso, por exemplo), pode-se afirmar que muito da atividade política baseia-se em cálculos de ganhos e perdas. É interessante notar que Getúlio Vargas gostava de comparar a atividade política ao jogo de xadrez[2].

Embora existam referências históricas a fundamentos da teoria dos jogos desde o século XVIII, quando há registro de análise de jogos com a finalidade de aplicação mais ampla , o marco dessa ferramenta analítica é o livro *Theory of Games and Economic Behaviour* de John von Neumann e Oscar Morgenstern de 1944. Mais tarde o economista de Princeton John Nash, Premio Nobel de 1994, desenvolveu o chamado equilíbrio de Nash, essencialmente a combinação de muitas ações em cadeia, até chegar a um equilíbrio, que se verifica quando cada jogador adotou a melhor estratégia possível. A vida de Nash foi objeto do filme "Uma Mente Brilhante", com o ator Russell Crowe, premiado com o Oscar de 2002.

---

1 Nogueira Octaciano Introdução à Ciencia Política volume 1. editora Unilegis 2006 Brasília O livro do cientista político e professor da UNB Octaciano Nogueira traz, no apêndice, páginas 257 a 261, uma explicação simples e muito resumida sobre a teoria dos jogos, com base em verbete do *Concise Oxford Dictionary of Politics.*

2 Lira Neto Getúlio 1930-1945 Do Governo Provisório à Ditadura do Estado Novo Editora Companhia das Letras 2013 Rio de Janeiro página 87

Na nossa vida quotidiana costumamos, de forma intuitiva, às vezes sem que nos apercebamos do processo, tentar adivinhar como os nossos adversários deverão comportar-se. Um empresário busca calcular se lucrará ou terá prejuízo quando seus concorrentes agirão de determinados modos, e conformará suas decisões de acordo com esse quadro. Essas são situações que têm similaridade com o que fazem os jogadores quando tentam antecipar as jogadas ou os movimentos dos adversários. Quando assim pensamos, mesmo de forma intuitiva, pesamos as vantagens e desvantagens de diferentes estratégias ou opções de ação, procurando antever o que farão adversários, ou eventuais aliados. Nessa linha, a Teoria dos Jogos auxilia a organização do nosso raciocínio estratégico intuitivo.

Em termos pragmáticos, destacam-se na Teoria dos Jogos os conceitos de jogo de soma zero e de jogo de soma múltipla (também chamado de soma não-zero). No jogo de soma zero o ganho de um ator corresponde direta e simetricamente à perda do outro. Esse conceito é empregado para analisar uma disputa entre dois partidos dominantes ou, no cenário internacional, situações como a da Guerra Fria.

Neste caso, depois da Segunda Guerra Mundial a rivalidade entre o campo ocidental, liderado pelos EUA, e o campo socialista, encabeçado pela antiga União Soviética, era extremamente acirrada e abrangente, pois se dava nos terrenos estratégico, ideológico, econômico, tecnológico e cultural. Os Estados Unidos adotaram, no período da Guerra Fria, uma politica de contenção do que consideravam o expansionismo soviético, buscando barrar o avanço, ademais, da ideologia comunista (deve-se ver a nota 4. deste capitulo). As exigências de alinhamento e lealdade por parte dos países líderes em relação a seus parceiros eram grandes e rígidas, pois qualquer perda (ou ganho) era contabilizada diretamente, inclusive em termos de prestígio. É o que aconteceu com a defecção de Cuba, que após a Revolução passou a aliar-se com a URSS – houve perda dos EUA e ganho da União Soviética. Evidentemente trata-se aqui de tratamento esquemático de problema muito mais complexo, o que não diminui o valor heurístico do conceito.

No jogo de soma múltipla há uma diluição dos ganhos e perdas dos atores políticos – as vitórias ou derrotas não são vistas de forma absoluta. Ao ganho de um ator não se contabiliza diretamente a perda de outro, pois há uma atenuação, ou uma diluição, das vitórias e das derrotas no processo político, tanto interno, quanto externo. É o que ocorre com o sistema (ou subsistema, como vimos) multipartidário, ou com um sistema internacional multipolar, *i.e.*, com vários polos de poder, em que ocorrem, em condição de fluxo, alinhamentos e realinhamentos entre os diversos atores do cenário mundial. Esses reajustes de lealdades são vistos como normais. O jogo de soma múltipla é portanto mais flexível, menos rígido do que o jogo de soma zero.

No regime brasileiro de 1964, uma legislação restritiva (vigente do ato institucional número 2 – de 1965 até 1979) possibilitava, na realidade, a existência de apenas dois partidos. Um de apoio ao governo (ARENA) e outro de oposição (MDB), ambos criados em 1966. Nesse esquema rígido, qualquer defecção era considerada uma traição, pois o ganho do governo caracterizava uma perda equivalente da oposição e vice-versa. Estava em vigor, ademais, um inflexível instituto de fidelidade partidária que contribuía para manter a disciplina. Só na fase final do regime foi que os parlamentares, percebendo a perda de força do governo com o esgotamento do ciclo militar, se atreveram a enfrentar a legislação de fidelidade partidária, o que resultou na eleição indireta, por Colégio Eleitoral, de Tancredo Neves para a Presidência da Republica, em 1985.

Terminado o bipartidarismo no Brasil, foi implantado, na década de 1980, o multipartidarismo, que permite a flexibilização das alianças e faz com que as perdas e ganhos se diluam no arco partidário. Assiste-se, ademais, a uma extensa mobilidade de parlamentares entre partidos, para o que contribui a escassa identidade programática de muitas das atuais organizações partidárias.

Internacionalmente, a atual existência de fortes características multipolares, apesar da posição estratégica hegemônica dos EUA, faz que as mudanças nas posições dos atores e a evolução das alianças sejam absorvidas pelo sistema e diluídas. Na presente configuração mundial de poder, os principais *players* como os Estados Unidos, a China, o Reino Unido, a França e a Rússia, bem como os países de peso econômico especifico (como o Japão, a Itália, o Canadá) e os considerados emergentes, atuam em níveis diferentes e variados de cooperação e disputa.

Os atuais avanços da China no continente africano, em busca basicamente de suprimentos de energia e matérias primas, e suas ofensivas comerciais, não são vistos necessariamente como movimentos rivais que levem a perdas diretas dos EUA. No entanto, registre-se a realização, em agosto de 2014, em Washington, de reunião de cúpula entre o presidente dos Estados Unidos e mais de quarenta mandatários africanos, visando a contrarrestar a crescente influência chinesa no continente africano.

Entre os Estados Unidos e a China existem ademais áreas de convergência, como no caso da simbiose que se traduz nos investimentos americanos na China e na maciça aquisição chinesa de títulos públicos dos EUA como reserva. Evidentemente, os ganhos da China na busca de hegemonia militar em seu entorno são vistos com preocupação e já são objeto de iniciativas militares preventivas norte-americanas, tais como o redirecionamento de reforços militares para o *Pacific Rim* e o aperfeiçoamento de alianças regionais.

Além disso, a China alcançou grau de desenvolvimento que a coloca firmemente entre as grandes potências e a faz favorecer a manutenção do *status quo*, e não uma revisão brusca da configuração internacional de poder. Se, de um lado, a China se beneficia de sua posição no atual sistema internacional, de outro, busca sua alteração de forma discreta e paulatina, evitando criar antagonismos desnecessários. São exemplos dessa estratégia o apoio à criação do Novo Banco de Desenvolvimento e do Fundo Contingente de Reserva na reunião de cúpula dos BRICS em julho de 2014.

Outro conceito correlato básico é o da minimização de perdas e da maximização dos ganhos – o chamado MINIMAX (ou MAXIMIN), pelo qual os jogadores ou os atores políticos internos ou internacionais procuram obter, por meio de ações fundamentadas em cálculos racionais, um máximo de ganho com um mínimo de perda.

Esse conceito, embora de grande utilidade, dá primazia absoluta à racionalidade na ação política, o que sabemos não ocorre sempre, pois é constante a interferência de fatores de variada ordem, como psicológicos, afetivos, ideológicos, religiosos, etc., nas decisões políticas.

É importante registrar que a atividade política, à semelhança de inúmeros jogos, verifica-se em condições nas quais os participantes normalmente só podem contar com informações incompletas e a incerteza também pode ser muito grande. É o que ocorre no jogo de xadrez em que, embora se tenha informação sobre as regras e sobre o valor das peças, não se sabe a estratégia do adversário. Ademais, essa estratégia pode ser modificada no decorrer do jogo.

Em jogos de cartas é constante a ausência da informação sobre as cartas em mãos dos parceiros. Assim, o jogador, tal como o ator político, tem que traçar sua estratégia tendo em conta que suas informações são deficientes e que frequentemente não se conhece a linha de ação adversária. Obriga-se portanto a procurar, racionalmente, adotar ações prudentes, que levem em conta o desconhecimento de dados relevantes e as incertezas.

A escolha de uma estratégia racional, foco da teoria dos jogos, deverá levar em conta, além da existência de dados desconhecidos ou supervenientes, a possibilidade de ações irracionais por parte do adversário. Trata-se, aqui, de iniciativas conformadas por fanatismo religioso ou ideológico, por exemplo, que têm de ser consideradas em tomadas de decisão políticas e militares. Um ataque terrorista suicida, ou pelo menos sua possibilidade, devem ser considerados no planejamento político de vários cenários.

Pelo menos em sua fase inicial, a teoria dos jogos foi uma concepção estática como destaca Deutsch[3] na obra "Nervos do Governo". Considerava como parâmetros apenas jogos com regras fixas e tempo determinado ou previsível – ou seja, as regras não mudam durante o jogo, que tampouco dura indefinidamente. Na realidade política, no entanto, essa situação não se verifica frequentemente, o que limita, mas não invalida a aplicação da Teoria dos Jogos. A teoria também ainda não contempla de forma eficiente as mudanças de valores e as inovações tecnológicas, o

3 Deutsch obra citada capitulo 4 paginas 89 a 99.

que não tira sua utilidade interpretativa, se estivermos conscientes dessas limitações.

Para a análise política pragmática e para a formulação de decisões estratégicas essas limitações da Teoria dos Jogos não anulam sua principal vantagem que é a ênfase em uma visão racional, a qual destaca a avaliação de custos e benefícios. Esse elemento de racionalidade permite, como exemplo, ver como a eficácia das ameaças e a dissuasao dependem da sua credibilidade e como a repetição de ameaças ou de ações dissuasórias fracas ou não cumpridas leva à perda de eficácia e ao descrédito.

O equilíbrio do terror da Guerra Fria estava levando a essa perda de credibilidade. O efeito da utilização de armas nucleares passou a ser tão amplamente destruidor e a possibilidade de retaliação atômica tão real, que os estrategistas das potências nucleares passaram a levar em conta o custo da ameaça e da retaliação, que poderiam ser excessivamente altos.

Colocaram-se nos cálculos dos estrategistas as possibilidades de não utilização de armas nucleares e a opção preferencial pela negociação. As negociações de limitação de armas nucleares levaram em consideração os riscos de que a escalada armamentista atômica poderia levar à destruição mútua (situação que pode ser analisada pela utilização do mecanismo de *feedback* positivo).

Na crise dos mísseis cubanos de 1962, o recuo da URSS só existiu porque os soviéticos acreditavam que, devido à proximidade de Cuba em relação aos EUA, e à percepção de perigo pelos norte-americanos, o Governo dos EUA estava decidido a retaliar. Ou seja, a ameaça era crível.

A questão da credibilidade de uma ameaça é importante tanto do ponto de vista interno quanto externo. Embora englobem situações mais complexas, dois exemplos simples e recentes nos ajudam a entender essa questão. No mês de outubro de 2013 verificou-se nos EUA crise orçamentária na qual o Governo se viu obrigado a suspender parcialmente suas atividades por falta de recursos. Acresce que pairava também a ameaça de um *default* – os Estados Unidos atingiriam seu limite de endividamento e não teriam recursos para honrar seus pagamentos e títulos públicos. Tratava-se de situação que poderia prejudicar seriamente a economia americana em fase de recuperação lenta da crise de 2008, e que poderia ser catastrófica para a economia mundial. Os títulos do Tesouro dos EUA são o parâmetro de juros do mercado financeiro internacional e também o seu marco de confiança e credibilidade.

Verificou-se uma acirrada luta política entre os setores mais radicais do Partido Republicano, como o movimento *Tea Party*, e os Democratas liderados pelo presidente Obama. Obama ameaçou deixar a situação evoluir para uma crise fiscal aguda e não cedeu às pressões republicanas. Como o Presidente não poderia mais se candidatar, pois estava em seu segundo mandato, os republicanos acreditaram verazes suas ameaças de deixar o país caminhar para a crise, para um cataclismo econômico, e desistiram da luta, votando medidas parciais de liberação orçamentária.

De outra parte, ainda em 2013, em relação à guerra civil que se trava na Síria, o Presidente Obama declarou publicamente que havia uma "linha vermelha" que não poderia ser cruzada pelo Governo sírio sob pena de ação dos Estados Unidos, inclusive com o uso da força. Essa linha vermelha foi ultrapassada quando se divulgou o uso de armas químicas pelas forças armadas sírias contra os rebeldes. Os americanos chegaram a deslocar belonaves para as proximidades do país. No entanto, o Presidente Obama voltou atrás e passou a favorecer uma solução negociada, patrocinada pela Rússia, no âmbito da ONU. A Síria admitiu possuir armas químicas e aceitou a sua fiscalização e posterior destruição.

A indecisão e o recuo norte-americano prejudicaram a credibilidade do país e foram uma das causas da recusa da Arábia Saudita em participar do Conselho de Segurança da ONU, como membro não permanente. O chefe de estado americano fez uma ameaça açodada, que não tinha condições políticas para cumprir, erodindo a credibilidade do país em área estratégica. Depois da participação americana nas campanhas do Iraque e do Afeganistão, a opinião publica dos Estados Unidos dificilmente aceitaria de bom grado nova intervenção bélica direta.

Outro aspecto interessante é que forças de segurança e forças armadas costumam empregar, para dissolver manifestações, recursos muito acima do necessário para seu controle. Procuram fazer com que os manifestantes sintam-se altamente ameaçados com a desproporção de meios e assim sejam dissuadidos de confrontar as tropas. A dissuasão, no entanto, dependerá da avaliação dos manifestantes a respeito do empenho e da vontade real das forças policiais ou militares de utilizar sua plena capacidade. Há, portanto, um forte elemento de credibilidade. Da parte dessas forças, poderá haver a consideração de que o custo da divulgação pela imprensa da imagem da repressão pode ser excessivo e politicamente desgastante. Nas situações descritas há sempre o cálculo racional de custos e benefícios das alternativas adotadas.

Mantém-se a possibilidade, no entanto, de ação irracional - o manifestante fora de controle ou o policial afoito que, por medo ou irresponsabilidade, ou por ódio, tome a iniciativa de atacar. Na aparente irracionalidade pode haver, entretanto, uma racionalidade de objetivo, como por exemplo, a força policial procurar radicalizar uma disputa por interesse político (*e.g.* efeito demonstração, para dissuadir outras manifestações), ou os manifestantes buscarem a criação de uma vítima, também com objetivo político. Esse quadro mostra a complexidade da análise política e o cuidado necessário com a utilização dos instrumentos analíticos.

A principal utilidade prática da Teoria dos Jogos é nos ensinar a ver a ação política sob o prisma da racionalidade, mas não devemos esquecer que o ator político não age sempre racionalmente. Ademais, os atores políticos podem ser envolvidos por conjunturas imprevisíveis, como desastres naturais, que desafiam a antecipação de cálculos racionais. Outra possibilidade é, por exemplo, uma carreira política ou na burocracia estatal ser prejudicada por fatores aleatórios, tanto naturais (uma doença), como políticos, a exemplo de longuíssima permanência no poder de facção adversária. Maquiavel, em O Príncipe, já registrava a influência da *fortuna* e da *virtù* nas ações políticas. De forma extremamente simplificada, pode-se considerar a *fortuna* como o destino, ou mesmo a sorte, e a palavra *virtù* como englobando qualidades. Qualidades não com sentido ético, mas como habilidades que podem dar capacidade de influenciar o curso dos eventos. Mas essa influencia é frequentemente limitada. Ou seja, deve-se reconhecer a possibilidade da existência de fator aleatório, que ultrapassa a racionalidade e que o analista deve ter presente em seu trabalho[4].

---

4 Para entender um aspecto crucial da Guerra Fria, a política de contenção adotada pelos Estados Unidos, recomenda-se o celebre Artigo Motivações da Conduta Soviética, que ficou conhecido como Artigo X, de George Kennan, publicado na revista Foreign Affairs de julho de 1947. George Kennan foi embaixador dos EUA em Moscou. A revista da Universidade de Brasília Documentação e Atualidade Política número 2 janeiro/março de 1977 publicou tradução do Artigo X. Esse artigo teve como base o também famoso Long Telegram enviado da Embaixada americana em Moscou, elaborado por Kennan, e que procurava analisar a política de expansão soviética e apresentava sugestões para contê-la.

9

TEORIA DAS ELITES

Outro instrumento de grande utilidade em várias situações é o conjunto de conceitos oriundo da Teoria das Elites. A palavra elite designa tradicionalmente produtos, entidades ou pessoas de qualidade ou nível superior, que se diferenciam qualitativamente dos demais. Segundo Bottomore[1], no século XVII o termo era usado para produtos de alta qualidade e foi paulatinamente passando a ter emprego mais amplo, abrangendo grupos de alto nível, como as unidades militares de ponta, os mais importantes ou mais preparados funcionários públicos, os professores de alto saber, os cientistas mais graduados, os atletas de destaque, etc., sempre com o sentido de qualidade superior.

Como a própria palavra elite tem sido utilizada frequentemente com forte conotação ideológica, tanto por autores marxistas quanto por não-marxistas, a sua utilização quotidiana é frequentemente impregnada pelo proselitismo político. Deve-se então redobrar o esforço de isenção para a utilização da Teoria das Elites como ferramenta analítica. Mais do que para a análise estática de um determinado cenário político, a Teoria das Elites tem grande valor tanto para a compreen-

1 Bottomore,Thomas obra citada página 7.

são de fenômenos de evolução política quanto para fatos da mudança política, rubrica que abrange os movimentos revolucionários em suas diversas manifestações.

Embora sejam antigas as referências à ideia de elite, tomaremos como base a chamada moderna teoria sociológica das elites[2], iniciada por Pareto e Mosca, por seu valor heurístico. A Teoria das Elites parte do pressuposto de que existe, em todas as sociedades, uma divisão em dois segmentos básicos: uma elite, pouco numerosa, que dirige a sociedade, e uma massa, o restante da população, que é dirigida por aquela.

Essa consideração inicial e básica foi sendo refinada pelos autores, mas está sempre presente quando se fala em elite.

No século 19 o italiano Gaetano Mosca, em seu livro *Elementi di Scienza Politica*, dizia que sempre, em todas as sociedades, uma minoria exerce o poder. Considerava esse fato óbvio, que saltava aos olhos de qualquer observador, e ademais inevitável. Há sempre um grupo minoritário que controla e domina a comunidade, tanto em sistemas democráticos quanto ditatoriais. Esse grupo domina porque tende a ser homogêneo e organizado, o que possibilita sempre o controle sobre a massa numerosa e desorganizada.

Outro pensador italiano, Vilfredo Pareto, costumava definir a elite por meio de uma escala que classifica as pessoas com um índice semelhante ao usado para classificar os trabalhos de um estudante (de zero a dez, por exemplo). Assim, em cada campo de atividade, os indivíduos com as maiores menções seriam os componentes da elite. Na visão paretiana, o grande advogado, o empresário de sucesso, o professor brilhante, os altos funcionários, enfim, aqueles classificados com as notas mais altas fariam parte dessa elite. Essa ideia básica foi refinada por Pareto com a subdivisão em elite governante – pessoas e grupos ligados mais diretamente ao governo – e elite não governante, composta dos demais integrantes da elite.

---

2 Meisel,James H. organizador Pareto & Mosca Editora Prentice-Hall 1965 New Jersey Trata-se de coletânea de artigos sobre a teoria de elites que inclui textos de autores da dimensão de Talcott Parsons, Raymond Aron, Joseph Schumpeter, Wright Mills.

As distinções teóricas entre Mosca e Pareto fogem à finalidade deste trabalho e devemos nos focar nos conceitos mais úteis, tanto desses dois autores quanto de outros intelectuais que desenvolveram os fundamentos da Teoria das Elites. Um conceito chave é o de que, modernamente, a elite se articula com a massa (restante da sociedade) por meio de uma sub-elite, mais ampla do que a elite e composta de setores médios da sociedade (funcionários burocráticos da indústria e do comércio, funcionários públicos de nível intermediário). Essa sub-elite funciona também como fonte para o recrutamento de novos membros para a elite.

É essencial registrar que os conceitos de elite e de sub-elite não se confundem com as classificações puramente econômicas em termos de capacidade de consumo – atualmente muito difundidas. As categorias de elite e sub-elite dizem respeito a uma posição na sociedade que pode, ou não, confundir-se com a posição puramente econômica de posse de bens ou capacidade de adquiri-los.

Por conseguinte, um político muito influente é classificado como membro da elite e da elite governante, embora não possua bens ou rendas elevadas. Na mesma situação está o intelectual influente. Embora possa haver uma tendência clara de a elite também deter em modo considerável posição econômica importante, não há uma coincidência necessária.

Outra consideração é a de que uma elite, por mais homogênea que possa ser, compõe-se de distintos grupos que se relacionam em diferentes graus de cooperação e conflito.

As elites podem ser classificadas como abertas quando interagem com a sub-elite e com a massa, principalmente no recrutamento de novos membros, ou fechadas, aquelas que não têm facilidade em aceitar novos componentes e em consequência não se renovam. Este aspecto será visto mais adiante, quando estudarmos a circulação de elites.

Uma elite deve deter qualidades ou atributos que a legitimem perante a sub-elite e a massa. Esses atributos podem ser de ordem intelectual, moral, religiosa ou administrativa, enfim, qualidades que sejam valorizadas pelos governados e justifiquem sua posição hegemônica. Além disso, as elites adotam ideias e posições ideológicas ou doutrinárias que dão sustentação para sua posição, como, por exemplo, podemos citar o nacionalismo, o desenvolvimentismo econômico, o liberalismo, a igualdade social, etc.. Essas ideias, que legitimam o domínio da elite, constituem o que Mosca chamou de fórmula política.

Em outra vertente, James Burnham em seu livro *The Managerial Revolution* defendeu a tese de que os gerentes – atualmente chamados de executivos – estariam formando um grupo de elite distinto dos grandes capitalistas. Esse novo grupo estaria assumindo o poder antes em mão dos grandes investidores, do grande capital, e teria a capacidade crescente de influenciar a sociedade.

Essa consideração foi refutada por vários autores que consideram não existir uma diferença marcante de atitudes entre os altos executivos e os proprietários. Os executivos paulatinamente também se transformam em acionistas das grandes empresas, o que os leva a um compartilhamento de interesses. Nas economias avançadas de mercado é disseminado o método de os executivos terem parte de seu salário em ações ou opções de compra de ações. Deve-se, entretanto, reconhecer o mérito do trabalho de Burnham ao chamar a atenção para a importância dos executivos – que claramente deve ser levada em conta nas análises da realidade política atual.

Nos países em desenvolvimento, os executivos das grandes empresas multinacionais convivem estreitamente com as elites locais e detêm frequentemente grau considerável de influência. Ademais, as multinacionais costumam associar-se com empresas locais e exercer influência nas elites por meio de seus representantes.

O professor norte-americano Wright Mills, no livro "A Elite do Poder"[3], busca desmentir a lenda do *self-made man* vigente nos Estados Unidos. Procura demonstrar que a elite naquele país se compõe de grupos que têm origem em estratos sociais superiores. Frequentemen-

3 Wright Mills, C. A Elite do Poder Zahar Editores 1975 Rio de Janeiro. O professor da Universidade de Columbia Wright Mills explora as relações, de caráter intercambiável, entre os segmentos político, militar e econômico da elite norte-americana. Procura também desfazer o mito do *self made man* cultivado nos Estados Unidos, inclusive do ponto de vista regional e local. Trata-se de livro de leitura interessante e agradável, mesmo com a solidez de seu enfoque.

te compartilham o mesmo *background*, pois frequentaram as mesmas escolas e universidades, têm os mesmos hábitos sociais e participam de um influente *old boys network*, ou seja, de uma rede de contatos formada nos tempos da escola. Essa rede de contatos facilita negócios e é vital na indicação para cargos políticos e empresariais.

Ademais, as posições nos grupos que compõem a elite dos EUA são frequentemente intercambiáveis, a exemplo de membros do mercado financeiro participando de atividades políticas (Mitt Romney, candidato republicano derrotado por Obama em 2012); industriais fazendo carreira política (os Bush, pai e filho); professores universitários atuando na administração federal (o ex Secretário de Estado Kissinger), etc.. Esse padrão de *background* similar e a existência do *old boys network* costuma existir nas elites de vários países.

Outro segmento da elite é o alto escalão burocrático, os funcionários públicos que fazem funcionar a estrutura do Estado. Essa elite do funcionalismo costuma adquirir poder crescente, tanto pelo preparo intelectual quanto pelo fato de que os políticos - secretários de estado e ministros - que comandam a administração pública em regimes democráticos são substituídos com certa frequência, ao passo que os altos funcionários governamentais constituem um corpo permanente.

Nas democracias, a existência de uma estrutura burocrática estável possibilita a alternância de poder sem maiores problemas para o funcionamento da máquina estatal, mas, ao mesmo tempo, o caráter temporário do comando político reforça a influência da máquina burocrática. As democracias inglesa e francesa são exemplos típicos desse padrão. Recrutam os funcionários nas mesmas faculdades (no Reino Unido Oxford e Cambridge; na França a ENA, *e.g.*), e possuem um corpo burocrático estável e poderoso. Essa burocracia tem o chamado *esprit de corps*, uma cultura corporativa com certo grau de solidariedade interna que contribui para o aumento de seu poder ao funcionar como uma espécie de blindagem contra a "interferência" dos políticos.

O analista político fará trabalho mais acurado e de maior alcance se estiver consciente da relevância desse poder paralelo e souber distinguir o grau de influência dos chamados *mandarins* da burocracia. Um diplomata, ao acompanhar a política do país em que estiver servindo, poderá incorrer em erros de avaliação graves se não levar em conta a atuação discretíssima, que raramente aparece na imprensa, de muitos desses altos funcionários.

São agentes do estado que atuam como *éminences grises*, eminências pardas, e que têm importante atuação política, mas sempre nos bastidores. Os altos funcionários preparam ou revisam as informações que formam a base das decisões governamentais, fazem o *briefing* dos políticos, atuam como *lobby* do executivo nos parlamentos.

Coloca-se aqui o problema de, mesmo nas democracias, esses burocratas não prestarem conta de suas ações, que são protegidas pelo manto da máquina estatal, ao passo que os políticos se submetem ao escrutínio do eleitorado e da imprensa. Com frequência os eleitores e a imprensa não têm conhecimento da relevância e do poder dos altos funcionários.

Antes de chegarmos aos conceitos cruciais de circulação de elites, convém lembrar os estudos do alemão Robert Michels[4], que procurou demonstrar que em toda estrutura mais complexa existe uma tendência à formação de uma oligarquia. Michels focou alguns de seus principais estudos na formação oligárquica dentro dos partidos políticos e considerou praticamente inevitável a cristalização de uma elite, uma minoria dominante nos partidos, no que considerou ser "a lei de ferro das oligarquias".

Chegamos aqui à circulação de elites, que é ferramenta imprescindível para a compreensão de situações que envolvam tanto a evolução política normal quanto a chamada "mudança política". Por mudança política entendem-se mudanças de caráter mais radical, como revoluções, revoltas, golpes de estado, e não simples modificações conjunturais como as resultantes de processos eleitorais.

Trata-se de processo em que indivíduos, famílias ou grupos, circulam entre a elite e a não elite, entre a elite e a sub-elite, bem como a própria substituição de elites. Como vimos, as elites podem ser abertas ou fechadas, na medida em que sejam mais ou menos permeáveis à entrada

---

4 Michels obra citada.

de novos membros, oriundos da massa, ou, mais normalmente, da sub-elite. Uma elite aberta renova-se pelo recrutamento ou pela aceitação de novos membros, ao passo que uma elite fechada não aceita ou tem dificuldade em admitir novos componentes e, portanto, o processo de renovação é difícil ou praticamente inexistente.

Quando a elite não coloca barreiras rígidas à entrada e participação na atividade político-partidária, quando evita que requisitos rígidos, como religião, origem familiar ou nível de renda, sejam fator de limitação para a atuação na estrutura estatal ou em negócios, há a possibilidade de inclusão de novos elementos que vão renová-la. A contrário senso, a existência de barreiras rígidas, como a que ocorre em uma elite aristocrática, em que geralmente só se tem acesso pelo nascimento, provoca um problema de renovação e a elite corre o risco de se esclerosar. Ou seja, tornar-se disfuncional, incapacitando-se para exercer sua tarefas de direção política, de direção da sociedade.

Algumas estruturas estatais costumam funcionar como condutos de mobilidade social, como se verifica no Brasil, onde as Forças Armadas, por processo de recrutamento de oficiais por mérito, possibilita a ascensão de pessoas de origem humilde. O mesmo se dá com outras áreas do serviço público. O acesso democrático ao ensino tende a atuar como elemento de renovação das elites. Em contraste, registre-se que os oficiais militares superiores na França anterior a 1789 tinham, quase que obrigatoriamente, *back ground* nobre. Esse viés aristocrático aplicava-se também no nível mais alto do serviço público civil.

A falta de renovação pode levar também a uma defasagem entre os valores da elite e os prevalecentes na sub-elite e na massa. Essa defasagem pode gerar problemas de legitimidade, pode levar ao desencontro entre o que a elite pensa representar e o que a sociedade espera dos dirigentes. Outra possibilidade correlata é que surjam problemas de comunicação entre a elite e a massa.

Tornando-se disfuncional e com valores distintos, a elite deixa de estar sintonizada com a massa, não consegue comunicar-se com a sociedade que deveria comandar e entra em processo do mais agudo isolamento. Seus membros, protegidos pelas benesses que naturalmente usufruem os segmentos dirigentes, podem estar em processo de acomodação e não se preparam, bem como não preparam seus descendentes, para continuar a exercer suas funções de comando.

Ou mesmo, perdem a crença na validade da fórmula política que os legitima e, concomitantemente, abandonam a vontade de lutar por suas posições e privilégios. Aumenta então a possibilidade de formação e ascensão de novos grupos de elite – a contra-elite – que passa a disputar espaço com a elite tradicional e que poderá, eventualmente, substituir o grupo dominante vigente.

Além de fenômenos como guerras, mudanças culturais de caráter econômico e tecnológico podem levar à troca de elites. Uma elite fechada poderá ter dificuldade em se adaptar aos novos desafios econômicos e tecnológicos, tornando-se cada vez mais disfuncional, deixando de exercer a contento seu papel de liderança da sociedade. Por exemplo, o advento da indústria automobilística no Brasil, nas décadas de 1950 e 1960, criou nas cidades do interior demanda por novos serviços, como das revendedoras de automóveis. Famílias tradicionais da atividade rural que faziam parte da elite local não participaram da nova realidade e foram suplantadas por famílias da sub-elite que se adaptaram e passaram a fazer parte da elite.

A rápida passagem do Brasil para uma sociedade urbana, processo acelerado nas décadas de 1960 em diante, tende a se refletir também na circulação de elites. Na urbanização, há necessidade de adaptação a uma nova realidade, em que se fazem presentes valores e códigos de conduta distintos daqueles prevalecentes no ambiente rural. Como, por exemplo, os vínculos familiares podem tornar-se mais tênues, a autoridade paterna e materna é diminuída e aumentam as influências recebidas de fora do meio familiar.

Esses aspectos, em alguns casos, aumentam a ambição de ascender à elite e, em outros, diminuem o valor que se dá à luta para continuar a pertencer ao estrato dominante. Em síntese, novas influências levam grupos a procurar participar da elite por meio, por exemplo, de melhor educação, enquanto outros grupos, ao não valorizarem a educação, perdem seu espaço na elite.

A tecnologia informática, simbolizada pela *internet*, tem levado ao desenvolvimento e crescimento de novas empresas, em detrimento de setores tradicionais, o que também se reflete em mudanças na composição das elites. Em suma, existe um processo gradativo de circulação de elites, no qual novos elementos contribuem para a renovação e para própria sobrevivência da classe dirigente.

O *scholar* austríaco Schumpeter realizou, no século XX, estudos sobre a inovação como aspecto essencial das mudanças econômicas. Desenvolveu também importantes e pioneiras pesquisas sobre o empreendedorismo, que configuram importante apoio para que possamos entender a circulação de elites, principalmente sob o prisma econômico.

Nessa linha, as mudanças econômicas, como as que se verificam pelo desbravamento de novas fronteiras, situação que ocorreu na conquista do oeste norte-americano ou na abertura da fronteira agrícola no Brasil, possibilitam o surgimento de novas elites. A abertura e a incorporação de novos espaços econômicos funcionam também como fatores de descompressão social, na medida em que permitem que segmentos ativos e capazes da população se desloquem e obtenham ganhos materiais e sociais, impensáveis na área restrita anteriormente ocupada.

Esse deslocamento diminui a pressão direta sobre as elites governantes e permite uma renovação mais suave e absorção mais natural de novos membros. A emigração pode funcionar também como fator de descompressão, ao saírem de um país parcelas insatisfeitas da população, que assim deixam de manifestar diretamente sua desconformidade com a elite política. É o caso de Cuba, com a ida de refugiados para o território americano.

O empreendedorismo, a seu turno, também faz com que elementos com capacidade empresarial, vitoriosos na criação de novos espaços econômicos, passem a integrar a elite, ao passo que empresários sem capacidade ou vontade suficientes veem-se rebaixados à sub-elite e, eventualmente, à massa. Deste ponto de vista, economias mais dinâmicas, como atualmente a norte-americana e as asiáticas, são mais proclives à mobilidade social do que economias menos dinâmicas como as europeias.

Situação digna de atenção é o desenvolvimento de uma nova elite (como se fosse uma elite paralela), por exemplo, por razões econômicas ou pela inovação tecnológica. Essa chamada contra-elite pode não encontrar espaço político para assumir as funções de mando para as quais se considera preparada e às quais considera ter direito. Nesse caso, há a possibilidade de que busque o poder de forma violenta, derrubando pela força a elite no poder. A Revolução Francesa de 1789 e a Revolução Russa de 1917 são exemplos clássicos de revolução em que se verificou a substituição violenta e radical de elites dirigentes.

Mas o fechamento de elites e o surgimento de uma contra-elite que se vê impedida de ocupar a posição política que considera sua de direito, buscando-a pela violência, têm grande poder explicativo em várias outras situações de caráter revolucionário, mesmo que não se classifiquem como uma das grandes revoluções. A mudança politica será vista no Capitulo 12 deste livro.

10

A TEORIA DOS GRUPOS

Outra abordagem coloca seu foco nos grupos que se formam no âmbito da sociedade. Considera os grupos de pessoas como a unidade básica para a análise política. Os grupos não são meros ajuntamentos de seres humanos, mas conjuntos de pessoas que compartilham atividades, que têm interesses comuns e que lutam por esses interesses. Ademais, esses grupos devem ter um padrão de atividade na busca de suas reivindicações[1].

As pessoas, no entanto, não limitam sua participação a um único grupo, mas se integram em graus diferentes, em distintos grupos. A participação nos grupos estará ligada também ao compartilhamento de valores, como vimos ao estudarmos a análise distributiva. Um empresário poderá ser membro de uma associação patronal que defende a livre iniciativa, integrar um grupo religioso que advoga a disseminação do cristianismo e, ainda, tomar parte de grupo que luta por maior moralidade na administração pública. A intensidade da sua participação dependerá de seus interesses e valores.

---

1 Nunes Cambraia, Márcio Florêncio Sistema Político Inglês. Tradição e bom senso. Revista *on line* Liberdade e Cidadania número 6 outubro/dezembro de 2009.

O complexo de grupos é que forma a sociedade. A dinâmica social verifica-se pela interação entre os grupos, que lutam entre si, disputam interesses, formam e desfazem alianças, integram-se e desintegram-se.

Esses grupos em competição funcionam em estado de equilíbrio, à semelhança da mão invisível da ciência econômica, dentro de normas explícitas ou implícitas específicas de cada sociedade. Há uma semelhança conceitual entre a ideia de um estado de equilíbrio entre os diversos grupos e a "mão invisível" do economista Adam Smith que faria a auto regulação em livre mercado. Apesar de dar ênfase à autonomia e interação dos grupos, a Teoria de Grupos reserva um papel de regulamentação e intermediação para o Governo, mostrando que, mesmo nas sociedades com elevado grau de liberdade de formação, atuação e manifestação de grupos, é importante a participação governamental.

Há, ademais, na sociedade, um conjunto de regras, implícitas ou explícitas, a respeito dos limites e das formas de atuação dos grupos. Essas normas indicam por exemplo o nível de violência aceitável e os parâmetros éticos adequados. Em suma, a própria sociedade coloca limites à ação dos grupos. Por exemplo, o uso de manifestações violentas ou a existência de quadrilhas armadas, pode não ser aceita por extravasar os limites considerados adequados pelas normas sociais. Nas manifestações de junho de 2013 no Brasil era perceptível o repúdio dos próprios manifestantes às erupções de violência e aos atos de vandalismo. Os manifestantes tomavam a iniciativa de agir com a finalidade de controlar os excessos e o radicalismo.

Em visão semelhante, percebe-se que as disputas entre os grupos funcionam como se fossem um sistema de *checks and balances*, um sistema de pesos e contrapesos que, em principio, faz com que os grupos contrabalancem seu poder e nenhum grupo seja hegemônico em um regime democrático[2].

O governo, por sua vez, também se compõe de vários grupos, em níveis distintos de cooperação e competição, ao mesmo tempo em que

2 Young, Oran obra citada No capítulo 6 (página 105 a 121) da Introdução à Analise de Sistemas Políticos o professor Oran Young faz uma descrição das origens e do quadro teórico da Teoria de Grupos de modo claro e acessível.

sofre a interação dos grupos externos[3]. O analista deve estar atento às lutas internas que se verificam, por exemplo, na área econômico-financeira entre desenvolvimentistas e monetaristas, na área externa entre isolacionistas e intervencionistas, entre radicais e moderados, "os falcões e as pombas" na imagem americana, etc..

Costuma ser um erro grave a visão simplista do governo como sendo uma entidade homogênea e monolítica. Trata-se de equívoco comum entre diplomatas que vivem longo tempo em serviço no exterior ao analisar governos estrangeiros e pode levar a avaliações deficientes.

Por outro lado, o governo terá normalmente uma função de regulamentação (principalmente o poder legislativo) e controle (principalmente os poderes executivo e judiciário) das disputas entre os grupos e exercerá a mediação. Deve-se registrar que, na abordagem em tela, o governo é visto muito mais como exercendo uma função de mediar e ajustar as relações intergrupais, do que como exercendo o poder e tendo um papel de controle sobre a sociedade.

Deve-se levar em conta que os grupos que integram uma sociedade modificam-se com a mudança de valores ou evolução tecnológica. Esta situação é testemunhada pelo surgimento dos grupos de defesa dos direitos humanos, de defesa da ecologia, de defesa dos direitos das mulheres ou de preferências sexuais, associações contra armamentos nucleares, contra ou a favor de alimentos transgênicos, etc.. Na mesma linha, não há mais sentido nos dias atuais, nas sociedades ocidentais, a existência de grupos como os das sufragistas, muito ativos no começo do século XX, quando lutavam pelo direito de voto para as mulheres[4].

As redes sociais propiciadas pela *internet*, ao facilitar a comunicação e integração entre pessoas com interesses comuns, têm dado enorme impulso à formação de grupos, mesmo que distantes fisicamen-

---

3 Miliband, Ralph O Sistema Estatal e a Elite do Estado *in* Cardoso, Fernando Henrique e Martins, Carlos Estevam, organizadores, Política e Sociedade Companhia Editora Nacional 1979 São Paulo. É esclarecedora a leitura, não só pelas considerações sobre governo e estado, mas também pelas referências ao papel das elites.

4 Costa Porto,Walter Dicionario do Voto Editora Giordano 1995 São Paulo página 324 Trata-se de livro extremamente útil, e referência para os temas abordados no capítulo sobre partidos políticos e voto deste trabalho.

te. Nesse caso, o tradicional papel de regulamentação e mediação do governo enfrenta novos desafios, inclusive porque os grupos podem "reunir-se" virtualmente e não fisicamente como antes, e facilmente se articular em redes.

Os rebeldes da Primavera Árabe, assim como dissidentes chineses e cubanos, por exemplo, têm feito uso intenso da internet para se articular e para divulgar suas ideias e interesses. Os vários grupos que participaram das manifestações de junho de 2013 no Brasil articulavam-se por meio de redes sociais como o *Facebook*. As convocações para os atos de protesto por esse meio tiveram enorme efeito multiplicador e ajudam a explicar a simultaneidade das manifestações em numerosas cidades brasileiras. Com as novas formas de divulgação, ações que teriam repercussão limitada são ampliadas exponencialmente.

Em visão tradicional, a ciência política tem classificado os grupos em duas categorias básicas : grupos de pressão e grupos de interesse. Os grupos de pressão seriam mais específicos (*e.g.* da indústria automobilística local pela elevação de impostos de importação) e os de interesse mais amplos ou mais difusos (defesa do meio ambiente, dos direitos humanos, etc.). Tem sido estudada, particularmente pela Ciência Política, a atuação dos grupos de pressão junto ao poder executivo e ao parlamento. No que tange ao poder judiciário, pelo principio do contraditório, já existem canais específicos e institucionais para a defesa dos interesses das partes, por meio dos promotores e advogados. A concessão, por parte de juízes, de audiências privadas a advogados seria um arremedo da pratica de *lobby*.

Chamados também, de modo genérico e corrente, de *lobbies*, os grupos de pressão ou de interesse dedicam-se a defender seus interesses, ou de seus clientes e procuram influenciar e moldar as legislações ou decisões de diferentes órgãos de governo. A expressão *lobby* significa saguão, que é o local onde os "lobistas" mais facilmente têm acesso a parlamentares e funcionários[5].

---

5 Finer, S.E. Grupos de Pressão *in* Cardoso e Martins, obra citada. O artigo Grupos de Pressão foi reproduzido do livro de Finer *Anonymous Empire: a Study of Lobby in Great Britain*.

Em alguns países, como nos EUA, a função de lobista é regulamentada e quem se dedica a esse trabalho deve inscrever-se em registro próprio e declarar quem são seus clientes, o que dá transparência à atividade. Quando é abordado por um lobista o parlamentar ou membro do executivo norte-americano tem condições de saber o que está por trás dessa aproximação, quais seus verdadeiros objetivos. Evidentemente, essa abordagem pode revestir-se de formas envolventes e sutis, como convites para viagens, jantares, presentes, etc..

No Brasil sabe-se que a atividade é exercida de modo intenso. Em Brasília, por exemplo, existem sofisticadas representações de entidades de classe, de setores econômicos, de grupos empresariais, que funcionam como verdadeiras "embaixadas" para a defesa de seus interesses. No entanto, ainda não há regulamentação da atividade, embora existam no Congresso vários projetos nesse sentido.

Há dois aspectos a serem considerados quanto ao mérito do *lobby*. De um lado, os lobistas contribuiriam de modo significativo para o aperfeiçoamento das matérias legislativas ou decisões do executivo, ao fornecerem dados técnicos, informações, argumentos, enfim, subsídios técnicos para aperfeiçoar a legislação ou para o estabelecimento de políticas governamentais.

De outro, exerceriam uma influência indevida e injusta no processo legislativo ou decisório, que terminaria por favorecer os esquemas mais poderosos e eficientes na atividade de persuasão na defesa de seus interesses. Cabe ao analista político acompanhar a atividade dos lobistas em matérias objeto de sua atenção para poder avaliar corretamente os *vested interests* que podem estar subjacentes a medidas legislativas ou governamentais.

Uma campanha por legislação ambiental mais rigorosa pode acobertar o desejo de produtores agrícolas de países desenvolvidos de evitar concorrência de produtores de soja brasileiros. As críticas aos prejuízos que a produção de álcool combustível causa ao fornecimento de alimentos podem disfarçar os interesses dos produtores de álcool de milho nos EUA.

Ou, no plano internacional, a defesa da não-proliferação nuclear pode estar buscando o oligopólio de armas nucleares por meio do que foi chamado pelo Embaixador Araújo Castro de "congelamento do poder mundial", na década de 1970. O Embaixador considerava que o Tratado de Não Proliferação Nuclear representava a cristalização de uma situação de injustiça, na qual os países detentores do poder nuclear em 1968, ano de sua assinatura pelas potências nucleares de então, impediam que outros países acedessem à tecnologia nuclear.

Recorde-se que o Tratado de Não Proliferação, conhecido como TNP, data do período da Guerra Fria e que, coincidentemente, os detentores da tecnologia de armas atômicas eram, e ainda são, os detentores do poder de veto no Conselho de Segurança da Organização das Nações Unidas – Estados Unidos, Reino Unido, França, URSS (depois Rússia) e China. A linha de repúdio ao TNP foi seguida pela política externa brasileira até o ano de 1998, quando o Brasil aderiu ao Tratado. O Embaixador Araujo Castro sintetizou o pensamento a respeito da não-proliferação em conferência aos estagiários da Escola Superior de Guerra em 1971[6].

Esses são evidentemente apenas alguns exemplos das inúmeras possibilidades de *vested interests*. A ação dos lobistas costuma ensejar batalhas de informação e contrainformação que demandam redobrado cuidado do analista para ver, de modo claro, a realidade política.

Cabe, finalmente, recomendar ao analista atenção ao corporativismo. Em relação ao Brasil, no período Vargas, especialmente no Estado Novo (1937 a 1945), houve incentivo e patrocínio governamental às corporações e aos sindicatos, controlados de perto pelo governo. A Constituição outorgada em 1937 por Getúlio Vargas (chamada "a polaca", em referência à Constituição autoritária polonesa surgida de golpe de estado em 1921) teve inspiração, em seus aspectos corporativos, na *Carta del Lavoro* do fascismo italiano. Há em nosso país várias manifestações de corporativismo. Entidades de classe, de representação profissional, exercem função de caráter público de regulamentação e controle

---

6 Amado, Rodrigo organizador Araújo Castro Coleção Itinerários Editora Universidade de Brasília 1982 Brasília.

de exercício profissional (como as referentes aos advogados, aos médicos, aos veterinários, aos engenheiros, aos arquitetos, etc.).

Essas ordens e conselhos têm grande influencia na vida política, assim como ocorre com as entidades representativas da indústria, da agricultura, do comércio. Destaque-se que essas organizações, como os sindicatos, têm grande capilaridade, com presença disseminada no território nacional.

11

PARTIDOS POLÍTICOS E VOTO

Partidos políticos podem ser vistos sob vários prismas, e veremos aqueles mais uteis como ferramentas analíticas. Os partidos funcionam como condutos de comunicação entre o sistema político e a sociedade, no sentido de que trazem informações do meio ambiente para o sistema, além de disseminarem informações do sistema para o meio ambiente social. Nessa função, atuam como mecanismos que recolhem informações na sociedade e as levam para o sistema e vice-versa.

Trata-se de atividade que é estudada especificamente pela abordagem cibernética e se verifica quando, por exemplo, o deputado ou senador, em campanha eleitoral, em contato direto e quotidiano com o eleitor, ausculta seus sentimentos, seu modo de pensar, e leva essas informações para o sistema e seus centros de decisão. Vê o nível de satisfação dos eleitores com o governo ou mesmo o grau de desgaste dos governantes com seu eleitorado. Têm esses parlamentares, ademais, a função de, simultaneamente, levarem a seus eleitores e à sociedade a mensagem do sistema político, sob a forma de informações que buscam explicar e justificar as ações governamentais.

Em outra perspectiva, os partidos atuam na articulação e agregação de demandas, bem como na obtenção e processamento de apoios para o sistema. Ou seja, o partido, por meio de seus membros, principalmente os parlamentares, recebe as demandas dos diversos segmentos sociais e as reúne e as organiza de modo a serem levadas ao sistema sob a forma de solicitações claras. Por exemplo, a necessidade de uma obra de infraestrutura, como uma ponte ou uma estrada para sua região eleitoral. O atendimento a essa reivindicação tenderá a representar apoio para o sistema. Simultaneamente, o parlamentar atuará como defensor dos pleitos locais e regionais junto aos órgãos governamentais, em atividade que, para efeito de melhor compreensão, pode-se comparar à do lobista.

Ligada a essas funções está a tarefa de representar junto ao sistema político os diversos segmentos sociais, as chamadas clivagens – as inúmeras parcelas de opiniões, interesses, conjuntos de valores e visões em que se subdivide a sociedade. Os partidos amalgamam e articulam essas diferenças e as representam no espectro político, procurando apresentá-las de forma clara e coerente para a sociedade. Sem os partidos haveria uma atomização, ou uma fragmentação que seria ininteligível para o eleitor e dificultaria muito suas escolhas.

Ademais, os partidos tendem a organizar-se em torno de ideias compartilhadas por seus componentes, sobre como deve organizar-se e ser governada a sociedade. As disputas eleitorais configuram, pelo menos em princípio, a defesa, pelos partidos, de diferentes formas possíveis de se governar. Essas formas são consubstanciadas nos programas partidários e objeto de divulgação por meio de propaganda.

Em grandes linhas, temos um substrato ideológico que traduz uma cosmovisão, isto é, uma visão do mundo, um projeto de como deve ser a sociedade e de que maneira deve ser dirigida. Essa visão traduz-se na adoção de uma visão teológica, como o islamismo ou o cristianismo, em uma interpretação democrática ou totalitária do governo, na busca de manutenção de determinado *status quo*, ou de sua derrubada por via revolucionária, etc.

Acima desse substrato ideológico é que se situam os programas partidários que mostram em caráter prático como a sociedade deve ser conduzida e administrada. Entram aqui as normas e prescrições programáticas sobre a maior ou menor participação do estado na vida social, sobre a maior importância da liberdade individual em contraste com o interesse coletivo, bem como as ênfases em uma economia de mercado ou na presença do estado na economia. Cabem também as escolhas de opções entre a primazia da ecologia ou do desenvolvimento econômico – essas são apenas algumas indicações das variadas possibilidades de escolhas programáticas – que são sempre moldadas pelo substrato ideológico mais amplo.

No entanto, por motivos de conveniência eleitoral e pelos imperativos das técnicas de propaganda, muitas vezes os partidos não assumem com clareza o embasamento ideológico de seus programas. Outras vezes, assumir o substrato ideológico pode afastar parcelas do eleitorado, ou, para partidos de índole revolucionária pode atrair repressão drástica, o que faz com que partidos dessa inclinação busquem disfarçar sua verdadeira ideologia.

Em alguns casos os movimentos radicais procuram alojar-se em partidos políticos convencionais para desenvolver seu proselitismo. É sabido nos meios políticos brasileiros que essa situação foi vivida durante longos anos pelo MR-8, o Movimento Revolucionário 8 de outubro, que participou da luta armada nos anos 1960, e que se abrigou no PMDB, o Partido do Movimento Democrático Brasileiro. No PMDB o MR 8 era ligado ao ex Governador Orestes Quércia, político rotulado como de direita. Em 2009 o antigo MR 8 patrocinou a fundação do PPL Partido Pátria Livre[1]. Integralistas como o líder Plínio Salgado abrigaram-se na ARENA (Aliança Renovadora Nacional), partido de sustentação do ciclo de 1964.

Por conseguinte, cabe ao analista preocupar-se em detectar acuradamente a natureza ideológica dos partidos, sua verdadeira cosmovisão, para não incorrer em erro de interpretação da realidade política.

Os partidos políticos são entidades que almejam o exercício do poder e, normalmente, buscam exercer o poder e não apenas influenciá-lo, como os grupos de pressão e de interesse. Os partidos, tal como os conhecemos hoje, tiveram origem no século 19 e também normalmente

---

1 Merecem consulta a página *on line* do UOL notícias de 23.07.2010 e o endereço eletrônico do PMDB Boletim Movimento edição 148 de 30.04.2013.

defendem um programa de governo, ou seja, um conjunto de ideias sobre como deve ser feita a direção da sociedade.

Costumam ser porta de entrada praticamente exclusiva para a atividade política, e fazem a seleção dos candidatos a postos eletivos. Os partidos não existem exclusivamente em regimes democráticos, em que há embate aberto de ideias e proposições para o governo, mas também atuam em regimes políticos totalitários ou autoritários. Nesses casos, funcionam predominantemente como base de sustentação do regime e como meio de recrutamento de militantes, divulgando, ademais, as doutrinas ou a ideologia oficial.

Duverger[2] classifica os sistemas partidários, quanto ao numero de partidos, em sistemas dualistas, multipartidários e o de partido único. Sartori[3], que classifica os sistemas partidários em competitivos e não competitivos, lembra a contradição de se falar em sistema de partido único, pois sistema pressupõe vários elementos em interação.

É conhecida a correlação que Duverger destaca entre sistemas eleitorais e sistemas partidários. Em síntese, considera que a representação proporcional leva a partidos múltiplos, a votação majoritária de dois turnos também a partidos múltiplos, e o escrutínio majoritário de turno único à dualidade partidária. O sistema majoritário reduz o numero de partidos e o proporcional o aumenta. Essa formulação é desenvolvida no clássico "Os Partidos Políticos", mas o próprio autor adverte que são apenas tendências ou aproximações[4].

Na categoria de sistemas não competitivos temos duas possibilidades: partido único ou partido hegemônico. O partido único funciona como canal exclusivo de participação política, é praticamente o único mecanismo de recrutamento de membros do sistema político e dedica-se à divulgação e à propaganda da ideologia oficial. É também impor-

2 Duverger, Maurice Os Partidos Políticos Editora Universidade de Brasília/Zahar Editores 1980 Brasília.

3 Sartori, Giovanni Partidos e Sistemas Partidários Editora Universidade de Brasília /Zahar Editores 1982 Brasília.

4 Duverger obra citada página 241.

tante mecanismo de sustentação do esquema político. Pode ser totalitário ou autoritário.

Os partidos totalitários fazem parte de regimes políticos que aspiram ao controle absoluto sobre a sociedade e sobre os cidadãos. Com forte fundamento ideológico, buscam dominar, determinar a vida dos integrantes da sociedade em que atuam. Procuram incluir todos os cidadãos e todos os aspectos de sua vida dentro dos parâmetros doutrinários vigentes.

Os partidos autoritários, de outra parte, não são impregnados de conteúdo ideológico tão forte, e não são tão inclusivos, funcionando mais por meio da exclusão de parcelas da sociedade do processo político do que pela arregimentação e uso maciço da propaganda, características comuns aos partidos totalitários. Exemplos de partidos totalitários eram o Partido Comunista da então União Soviética, o Partido Nazista alemão, e o Fascista italiano. Autoritário seria o Movimento Nacional de Franco, a antiga Falange[5]. Há situações em que o arcabouço jurídico admite outros partidos, somente nominalmente, *pro forma* , apenas para caracterizar um arremedo democrático, como no caso da hegemonia. Não se admite uma competição real pelo poder, como no caso da Polônia durante o comunismo[6].

Outra situação é a caracterizada pela existência de um partido dominante, que protagoniza a cena política por longo período de tempo, embora não seja partido único. Exemplo típico é a prevalência, por mais de sessenta anos, do PRI, o Partido Revolucionário Institucional do México, que controlou a vida política mexicana desde o começo do século 20. Partido dominante é aquele que supera de longe todos os outros, é significativamente mais forte do que os outros[7].

Interessante e útil classificação do cientista político francês Maurice Duverger[8], com foco na estrutura partidária, divide os partidos em par-

---

5 Linz, Juan Um Regime Autoritário: Espanha *in* Cardoso e Martins obra citada.

6 Sartori obra citada página 222.

7 Sartori obra citada página pagina 258.

8 Duverger obra citada página 98.

tidos de quadros e partidos de massa. Os partidos de quadros dão ênfase à "qualidade" de seus membros, compõem-se principalmente de pessoas de destaque social e proeminência. Buscam pessoas influentes que tanto darão uma chancela, uma garantia de qualidade aos candidatos, como os ajudarão a obter votos. Sob o prisma financeiro, os partidos de quadros contam com grandes doações, com vultosas contribuições para arcar com o elevado custo das eleições.

A contrario senso, os partidos de massa têm como foco o numero de militantes ou adeptos, e não sua qualidade em termos de destaque social. Procuram conquistar o maior número possível de filiados. É uma preocupação quantitativa e não qualitativa.

Quanto ao ponto de vista financeiro, a orientação é obter grande numero de pequenas contribuições dos adeptos e não depender dos grandes financiadores. Os membros dos partidos de massa contribuem regularmente, com frequência mensalmente, para o financiamento das atividades partidárias de proselitismo e eleitorais. A tendência a contribuições pequenas e disseminadas não chega a impedir, com o passar do tempo, a coexistência com grandes financiadores.

Duverger dá tanta importância ao aspecto financeiro que chega a dizer que o ponto de vista financeiro confunde-se com o político. Exemplos típicos de partido de massa são o Partido Trabalhista Inglês, fundado no final do século 19 pelos sindicatos ingleses e o Partido dos Trabalhadores brasileiro. Partidos de quadros são o Partido Conservador britânico e o PSDB no Brasil.

Apenas como tendência, registre-se que os partidos de massa são mais disciplinados em relação às orientações de sua liderança e os partidos de quadros menos inclinados à disciplina. Os partidos de massa dependem de militantes ativos e disciplinados, tanto para a luta eleitoral quanto para obterem financiamento, que é pulverizado, vem de inúmeras pequenas contribuições. Esses militantes são muito instigados ideologicamente à obediência à chefia do partido.

Já as formações partidárias de quadros são mais submetidas às disputas das lideranças internas, normalmente políticos com personalidade própria, às vezes ligados a grandes financiadores de campanhas, e que têm perfil independente de atuação. Desse modo, não se submetem facilmente ao comando da legenda. A dicotomia partidos de quadros - partidos de massa costuma ser muito útil para a análise dos processos de tomada de decisão dos partidos.

O professor Michels[9] estudou o que chamou de tendência oligárquica dos partidos, inclinaçao a serem dominados por uma elite, o que se aplicaria tanto aos partidos de quadros quanto aos partidos de massa. O professor Duverger chama a atenção[10] para o envelhecimento das oligarquias partidárias. Esse envelhecimento pode levar a um *gap* geracional em relação à maquina partidária e a uma defasagem na escala de valores da direção da agremiação no que diz respeito tanto aos membros do partido quanto a seu eleitorado.

Esses dois fatores costumam causar uma dificuldade de comunicação entre os partidos e o eleitorado. Esse esclerosamento pode não ser apenas biológico - idade dos dirigentes - mas, também, em termos de percepções dos valores prevalecentes entre os eleitores. No Brasil atual (2014 como ponto de referência), parece-nos nítida a dificuldade de comunicação dos partidos políticos com a grande massa eleitoral.

Outra classificação diz respeito à origem dos partidos - agremiações de origem externa e de origem interna. Os partidos de origem externa são aqueles criados por entidades como sindicatos ou associações de classe, como é o caso do Partido Trabalhista inglês criado por congresso de Trade Unions britânicos em 1899 e também do PT brasileiro, igualmente de gênese sindical. Esses partidos costumam ser objeto de controle estrito por seus órgãos fundadores, verdadeira fonte de seus votos. Essa disciplina tende a ser mantida também em relação aos parlamentares, que dificilmente serão reeleitos se não cumprirem com fidelidade as determinações da direção da agremiação e das entidades que lhe deram origem.

Os partidos de criação espontânea desenvolvem-se a partir de um núcleo de pessoas e de ideias buscando expandir-se tanto pela eleição

9 Michels obra citada.

10 Duverger obra citada página 197.

de parlamentares quanto pelo proselitismo no seio da sociedade, não se ligando a entidades preexistentes como os sindicatos. Em principio, os partidos de criação interna ou espontânea são, via de regra, menos homogêneos e disciplinados, pela razão de que não devem lealdade a entidades pré-existentes. Apenas como tendência, registre-se que partidos de formação externa e partidos de massa costumam ser mais disciplinados, e que partidos de quadros e partidos de formação espontânea inclinam-se a uma menor disciplina.

No caso de partidos de orientação marxista costuma prevalecer o "centralismo democrático". Trata-se de método pelo qual são estimuladas as discussões pelas bases, bastante livres, embora delimitadas pelos parâmetros da ideologia marxista. Essas discussões permitem à direção partidária conhecer o sentimento das células e poder tomar decisões em sintonia com as bases do partido. Após a tomada de decisão pela cúpula, cessam as discussões e exige-se um cumprimento estrito.

No Brasil, o sistema partidário mostra pouca definição ideológica, frequentemente as características doutrinárias são apenas formais, registradas em seu estatuto, mas não professadas e realmente defendidas pelos seus membros. Ademais, as relações políticas interpessoais e intergrupais são frequentemente mais importantes do que a filiação e a lealdade partidárias. As mudanças de partidos são vistas com naturalidade e feitas de acordo com os interesses políticos dos parlamentares. Essas características devem necessariamente ser levadas em conta pelo analista, pois afetam o processo político.

O analista que tenha a mente sintonizada, por exemplo, com os sistemas europeus, tenderá a ter dificuldade em compreender o funcionamento dos mecanismos políticos brasileiros. As coligações partidárias, por outro lado, são muitas vezes feitas apenas por razões de interesse imediato (chamado de fisiológico), buscando a obtenção de posições influentes na estrutura de governo, em detrimento de considerações programáticas.

No que diz respeito às alianças, Duverger[11] classificou-as em eleitorais (de candidatos), parlamentares (de Senadores e Deputados) e go-

11 Duverger obra citada página 358.

vernamentais (quando envolvem ministérios e cargos públicos, ou seja, participação direta na administração governamental).

Nos sistemas parlamentaristas as coligações governamentais são imprescindíveis (necessárias para a governabilidade) quando um partido, embora com votação expressiva, não alcança maioria no parlamento. Neste caso, a falta de maioria para a formação de um governo pode levar a uma moção de desconfiança, que significa que o parlamento "não confia" em um partido ou aliança como detentor de maioria sólida e, portanto, capaz de governar. Essa moção de desconfiança, uma derrota no parlamento, pode levar ou a novas tratativas para a formação de nova coalizão ou, em caso de fracasso, à convocação de eleições parlamentares, das quais emergirá uma nova maioria.

Outra possibilidade de coalizão é a união nacional, que se verifica em crises graves tanto do ponto de vista interno quanto externo, situações que requerem medidas excepcionais que demandem consenso para serem adotadas, além de necessidade de apoio mais amplo. Trata-se de medidas como racionamento de alimentos, requisição de bens particulares, conscrição de combatentes e suspensão de liberdades civis. Esse tipo de coalizão é cabível somente em situações extremas como as revolucionárias ou as de guerra, pois demandam a aproximação excepcional entre partidos rivais. Exemplo clássico é a aliança dos partidos ingleses por ocasião da Primeira e da Segunda Guerras Mundiais. Ocorreu também nos Estados Unidos na Segunda Guerra Mundial, especificamente para assuntos externos.

Essas classificações têm o mérito de nos ajudar a organizar informações para análise, mas devemos ter em mente que os autores clássicos praticamente não se referiram a países latino-americanos ou sul-americanos.

No Brasil dos últimos tempos (desde 1994 e principalmente desde 2003) predomina o chamado presidencialismo de coalizão, denominação criada pelo cientista político Sérgio Abranches, no qual, para obter nível adequado de governabilidade, o Presidente da República vê-se obrigado a negociar constantemente uma maioria nas duas casas do parlamento. Essa maioria, a chamada base do governo, é praticamente obtida *ad hoc* para votações específicas de matérias de interesse do executivo.

Para manter a base o governo distribui cargos de confiança da estrutura administrativa federal, bem como verbas para as regiões eleitorais dos parlamentares da sua coalizão. Como os partidos têm fraca identidade programática e é débil a disciplina partidária, há uma constante luta do governo para manter sua maioria e, com certa frequência, o executivo sofre derrotas na votação de matérias de seu interesse. No presidencialismo de coalizão o governo pode até mesmo ter ampla maioria formal no Congresso (como no caso do governo atual – 2014), mas, devido à pouca disciplina partidária, o apoio para matérias específicas tem que ser obtido por meio de negociações também específicas.

Em termos eleitorais, cumpre referência a duas tendências que podem ajudar na previsão de resultados. Uma é o chamado efeito *bandwagon*, que é a inclinação dos eleitores a apoiarem o candidato que apresenta maiores chances de vitória. Impulso diverso configura o *underdog*, tendência dos eleitores de apoiarem o candidato mais fraco. No caso do *bandwagon* os eleitores querem estar ao lado dos vencedores, como já vislumbram pelo acesso às pesquisas. Há um efeito de realimentação, onde as pesquisas positivas influenciam no sentido de conquista de mais votos.

No que se refere ao *underdog*, os eleitores se colocam ao lado do candidato mais fraco, com quem simpatizam por sua própria fraqueza. Haveria, por parte do eleitor, uma identificação de suas fraquezas com as debilidades do candidato. O eleitor se identifica com a origem humilde, a falta de recursos ou com a determinação de luta do candidato. O presidente Obama, na sua candidatura em 2008, dizia que era o candidato menos provável e com menos recursos, buscando capitalizar suas desvantagens. Provavelmente, a candidatura Lula tenha se beneficiado de colocação semelhante, com a imagem de candidato operário de origem humilde, com educação precária e repudiado pela elite.

A possibilidade de influência das sondagens sobre os eleitores faz com que várias legislações estabeleçam regras e limites para a publicação de pesquisas eleitorais, de modo a neutralizar sua influência nos resultados. No Brasil vige legislação rigorosa, tanto sobre as pesquisas eleitorais, quanto sobre sua divulgação. A legislação e a supervisão dos tribunais eleitorais visam a impedir a manipulação das sondagens, que podem ter influência decisiva nos resultados das eleições (o *site* do TSE, Tribunal Superior Eleitoral brasileiro, permite o acesso à legislação eleitoral vigente no Brasil, bem como à legislação específica que regulamenta as pesquisas eleitorais).

As sondagens eleitorais podem ser, basicamente, quantitativas e qualitativas. As pesquisas quantitativas, realizadas por meio de entrevistas com uma amostragem representativa do eleitorado, em termos numéricos, procuram detectar sua tendência de votação e são essencial ferramenta de previsão eleitoral.

As pessoas incluídas na amostragem são contatadas por telefone ou pessoalmente e indagadas sobre suas preferências e intenções de voto. Para que haja representatividade, os entrevistados são escolhidos com base em critérios geográficos, de idade, de sexo, de nível de escolaridade, de renda, etc.. O instituto de sondagem busca fazer um retrato o mais fiel possível do universo eleitoral, procurando atingir a menor margem de erro possível. Essas pesquisas podem ser induzidas, quando se oferece ao participante uma lista de candidatos, ou espontâneas, quando se solicita ao entrevistado que sugira seus candidatos de preferência.

No Brasil, devido ao baixo nível de informação política de grande parte da população, os nomes citados nas enquetes espontâneas tendem a ser aqueles que mais aparecem na televisão e, atualmente, nas redes sociais, pois a imprensa escrita atinge uma parte ínfima dos eleitores. A disseminação do acesso à *internet* já está mudando esse quadro, e os partidos e candidatos utilizam cada vez mais o meio eletrônico para divulgação de candidaturas. As eleições de 2014 representaram um *turning point* no uso político e eleitoral da rede mundial de computadores no Brasil.

Na sondagem qualitativa, os institutos de pesquisa reúnem pessoas que representam um número significativo de eleitores e, por meio de uma série de entrevistas, buscam saber suas opiniões sobre candidatos e temas relevantes. Essas entrevistas, mediadas por profissionais de comunicação e, frequentemente, por psicólogos, permitem aprofundar o conhecimento dos sentimentos do eleitor em relação a candidatos, mas possibilitam também identificar suas reivindicações, suas preferências, suas aspirações e suas idiossincrasias. Ademais, com o uso da segmentação, pode-se detectar com precisão crescente, pelo desenvolvimento das técnicas de sondagem, o que pensam e a que aspiram estratos específicos do eleitorado, e onde se localizam em termos geográficos.

A maior acuidade permite aos candidatos a postos eletivos adaptarem sua imagem, suas mensagens e seus discursos, aos segmentos específicos. Os candidatos passam a dizer aos eleitores, com grande precisão, o que eles desejam ouvir[12].

Quando estudamos o tema dos partidos e das eleições devemos ter em mente que em países em desenvolvimento costuma haver uma tradição de instabilidade político-institucional, golpes de estado, movimentos revolucionários, que interferem no cenário partidário-eleitoral e tornam indispensável maior cuidado com o emprego de categorias que funcionam bem para o estudo de processos europeus e americanos[13].

No que diz respeito ao voto, cabe citar alguns conceitos básicos como o mecanismo da eleição majoritária e o da eleição proporcional. Na eleição majoritária será eleito o candidato que obtiver a maioria dos votos, enquanto os votos dados aos outros candidatos serão desperdiçados, ou seja, não são aproveitados. Na eleição proporcional os votos dos candidatos distribuem-se na proporção dos votos dados a cada partido. No Brasil, as eleições presidenciais, para governadores e para prefeitos são majoritárias, em dois turnos, e vence o candidato que obtiver a maioria dos votos. O mesmo processo aplica-se à eleição para o Senado, mas apenas em um turno.

Já as eleições para deputados e vereadores são proporcionais, e os votos são atribuídos na proporção dos votos dados ao partidos, o que tende a dar representatividade às varias correntes de opinião presentes na sociedade, pois os votos dos derrotados não se perdem.

---

12 Martin Salgado, Lourdes Marketing Politico Ediciones Paidos Iberica 2002 Barcelona.

13 Sartori obra citada Merece atenção o prefácio do autor à edição brasileira.

É opinião disseminada na literatura que a representação proporcional, na busca de maior representatividade, tende a contribuir para a proliferação de partidos. Procura fazer com que esteja representado pelos partidos o maior numero possível de correntes de opinião da população, o que leva ao aumento da quantidade de agremiações partidárias.

Para a correção do excessivo número de partidos emprega-se a chamada cláusula de barreira, que estabelece limites à existência de partidos por meio da imposição de parâmetros, ou patamares, de acordo com o desempenho eleitoral. Por exemplo, a exigência de um percentual mínimo de votos a serem obtidos nacionalmente ou em um número determinado de estados ou circunscrições eleitorais. O caso da Alemanha (o sempre citado cinco por cento) é exemplo clássico da cláusula de barreira. Essa cláusula costuma ser chamada também de cláusula de exclusão ou cláusula de desempenho.

O distrito, ou circunscrição eleitoral, é o espaço determinado por lei para o exercício do voto, ou seja, os candidatos concorrem apenas dentro de determinada área geográfica. É o que ocorre no Reino Unido com as *constituencies* que seriam o equivalente, em comparação rudimentar, aos municípios brasileiros. Os candidatos a deputado, ou seja os *Member of Parliament* ou, abreviadamente MPs, apresentam-se em determinado distrito e só nesse são votados.

O método distrital tem a vantagens de proporcionar uma grande proximidade entre o parlamentar e o eleitor e de tornar mais fácil o acompanhamento e a cobrança direta, do eleitor em relação ao desempenho do parlamentar na Câmara. Ao contrário, no Brasil, o parlamentar, eleito por uma área geográfica muito grande – os estados – pode não ter qualquer relacionamento com seus eleitores fora das campanhas eleitorais. O parlamentar brasileiro pode também, se desgastado em determinada região, mudar a sua área de campanha, o que é praticamente impossível no caso do voto distrital. Embora possível, uma mudança de distrito é, na realidade, improvável.

Costuma-se considerar, como crítica ao voto distrital, o fato de que possibilita a consolidação de oligarquias no distrito e o abuso do poder econômico local. No entanto, as eleições no âmbito dos estados, pela sua dimensão e distâncias, apresentam custos altíssimos e costumam, da mesma maneira, levar ao abuso do poder econômico.

Deve-se observar que a escolha e distribuição dos distritos, ao influenciar diretamente a composição do parlamento, tem importância vital para a vida política de um país. É clássico o exemplo dos *rotten borough ingleses:* distritos eleitorais que haviam perdido população no decorrer do tempo, mas que continuavam a ter o direito de eleger representantes, mesmo com um numero mínimo de votos. Esses distritos contrastavam com aqueles que tiveram sua população e eleitorado muito aumentados, mas que continuavam com o direito de eleger apenas um parlamentar. É interessante notar que no Reino Unido existem as *Boundary Commissions* encarregadas de acompanhar e revisar a dimensão das *constituencies.*

Deve ficar claro que no caso brasileiro esse raciocínio de representatividade eleitoral não se aplica em relação às eleições para o Senado, pois os senadores, embora eleitos pelo voto popular, representam os Estados da Federação e não diretamente seus eleitores. Daí o número fixo (três) de senadores por Estado.

Quanto à apresentação dos candidatos pelos partidos existem duas possibilidades básicas, embora com variações. A primeira consiste em o partido estabelecer uma lista de seus candidatos, a qual é votada na forma de apresentação. A segunda opção estabelece que os eleitores possam escolher livremente seus preferidos dentre os candidatos inscritos pelo partido.

A primeira, o chamado voto em lista, tende a fortalecer muito a hierarquia partidária, que estabelece a ordem dos candidatos, o que faz com que os que encabeçam a lista, ou aí garantam uma posição alta, tenham seu êxito eleitoral garantido.

A segunda opção seria mais democrática, embora a filiação partidária seja igualmente essencial, ou seja, para concorrer a eleições o candidato tem que "obter legenda", isto é, a indicação de um partido. Se não obtém legenda, como se diz no Brasil, o potencial candidato vê seu caminho político bloqueado, o que destaca a importância da direção partidária.

Outro método para a escolha de candidatos, adotado nos Estados Unidos, consiste na realização de eleições primárias, que costumam também ser denominadas prévias. As primárias são eleições partidárias internas, realizadas segundo regulamentação dos partidos de cada estado da União e, basicamente, podem ser abertas ou fechadas. Nas primárias abertas a participação é livre, na medida em que não se exige comprovação de vinculação partidária e votam tanto eleitores independentes como os "infiltrados", militantes de outros partidos.

Nas primárias fechadas é exigida a filiação partidária. Essas eleições prévias, que indicam o próprio candidato, ou delegados que nas convenções designarão os candidatos, constituem um verdadeira maratona pré-eleitoral, na qual os concorrentes procuram, simultaneamente, conquistar o voto de seu próprio partido e já mostrar que serão viáveis eleitoralmente em nível nacional. É interessante destacar que, uma vez escolhido o candidato, todo o partido, incluindo os membros derrotados na disputa das primárias, tende a cerrar fileiras em torno do candidato vitorioso[14].

As primárias estão enraizadas na cultura política norte-americana, pois se realizam desde o início do século XX. Além disso, os Estados Unidos prezam tradicionalmente a realização de eleições, realizando-as para inúmeros cargos e nos níveis mais básicos da sociedade para a organização da vida comunitária. Essa característica da vida norte-americana foi observada por Alexis de Tocqueville no seu *Democratie en Amerique*[15].

A implantação de primárias tem sido discutida no Brasil. Em nosso país haverá necessidade de adaptação ao sistema das primárias, aqui também chamadas de prévias ou eleições internas, para que não contribua para incrementar as eventuais fissuras intra-partidárias. O candidato derrotado deverá estar preparado para aceitar o fracasso e apoiar

---

14 Costa Porto obra citada e Nogueira, Octaciano Sistemas Politicos e o Modelo Brasileiro Editora Unilegis Senado Federal 2007 Brasília Devem ser vistos como uma fonte acessível, simples e clara no que diz respeito ao tema deste capitulo.

15 De Tocqueville, Alexis obra citada volume 1, pagina 121 *in* Nunes Cambraia, Márcio Florêncio Eleições Indiretas nos Estados Unidos: o aparente paradoxo Revista *on line* Liberdade e Cidadania numero 6 numero 1 abril/junho de 2009.

decididamente o companheiro de partido vitorioso. O ressentimento do candidato que perdeu é potencialmente divisivo e pode levar o escolhido nas primárias a ser "cristianizado" – expressão que significa um partido trair seu candidato. Essa expressão, de uso comum nos meios políticos, teve origem nas eleições presidenciais de 1950, quando o PSD deixou de lado seu candidato Cristiano Machado e passou a apoiar Getúlio Vargas, que acabou eleito. Há também a possibilidade de o grupo do derrotado nas primárias deixar de se empenhar nas eleições, engajando-se apenas de modo formal, sem dedicação.

Aspecto essencial no que diz respeito às eleições engloba o custo das campanhas eleitorais, bem como seu financiamento. Como visto anteriormente, os partidos de quadros originalmente apoiavam-se em contribuições vultosas de alguns membros ou simpatizantes, ao passo que os partidos de massas buscavam recolher doações pequenas de muitos militantes. O passar do tempo e o aumento do valor das campanhas tem diluído esta diferença, e um partido com características básicas de massas como o PT passou a contar, além das contribuições pulverizadas de seus militantes, com o financiamento de grandes empresas e empresários. Nas duas campanhas eleitorais dos Estados Unidos, que levaram à vitória do presidente Obama, tomaram impulso as contribuições atomizadas por meio da *internet*, o que eventualmente pode se firmar como tendência. Atualmente, as grandes contribuições e as doações atomizadas não se excluem.

Outra face do problema é a discussão sobre os méritos do financiamento público ou privado de partidos e campanhas. O financiamento público teria a vantagem de evitar uma espécie de colonização partidária por parte de empresas doadoras de campanhas, mas leva a questões como a do favorecimento governamental e à da dependência dos partidos em relação ao Estado. É difícil garantir a completa isenção do poder público em relação aos partidos políticos.

No Brasil existe o Fundo Partidário, que financia os partidos políticos em consonância com sua dimensão – proporcionalmente ao número de deputados eleitos – esquema que convive com as contribuições privadas. O Fundo compõe-se de dotações orçamentárias da União e de recursos provenientes das multas eleitorais e é gerido pelo Tribunal Superior Eleitoral.

Cumpre observar que costuma ocorrer uma simbiose entre o governo e os partidos políticos, na medida em que, por exemplo, grandes empresas construtoras com interesses em obras governamentais, ou firmas que atuam em setores com regulamentações governamentais específicas, contribuem pesadamente para o financiamento de campanhas eleitorais, na expectativa de verem suas contribuições serem retribuídas pelos eleitos com a facilitaçao de obras públicas ou outros favorecimentos. Esse esquema corresponde, em última análise, a um financiamento público de campanhas eleitorais, pois são recursos governamentais que, de forma indireta, "oficiosa", financiam as campanhas.

É frequente, de outra parte, os grandes doadores distribuírem contribuições entre vários partidos, de modo a assegurar vantagens, ou mesmo se protegerem, qualquer que seja o resultado das eleições. A rigorosa legislação sobre o tema existente no Brasil não tem tido êxito no combate às distorções, muito arraigadas na cultura política do país e que se agravam com o custo crescente das campanhas. A grande interferência estatal na economia faz com que muitas empresas dependam de regulamentação, de compras ou de obras governamentais, o que as leva a procurar aproximação com os candidatos para garantir seus negócios, agravando as distorções.

12

MUDANÇA POLÍTICA

O enfoque do presente capítulo é estritamente de caráter instrumental, buscando indicar conceitos e ideias que podem ser úteis no entendimento de situações de insurgência ou revolucionárias. Não nos ateremos a aspectos ideológicos como fator explicativo, mas apenas, e se for cabível, registraremos sua existência.

Quando falamos em mudança política referimo-nos a mudanças de caráter excepcional, que fogem dos parâmetros da vida política rotineira. Trata-se de descontinuidade da vida política de um país e não de seu progresso rotineiro, no longo curso. Centramo-nos em mudanças, frequentemente violentas, que se produzem em espaço concentrado de tempo. Essas mudanças costumam ser designadas como revolucionárias.

As mudanças normais são consideradas evoluções, como as sucessões de detentores de cargos públicos e de partidos por meios eleitorais. São mudanças que, mesmo quando profundas, são estudadas em outras rubricas da ciência política.

O campo da mudança política é dos que apresenta menos clareza em termos de definição de conceitos na ciência política.

Refletindo a dificuldade de precisão conceitual nessa área, há na literatura duas vertentes básicas no que diz respeito ao tema mudança política. Uma corrente considera que o termo revolução só se aplica às chamadas grandes revoluções, como a francesa de 1789, a russa de 1917, e a revolução comunista chinesa de 1949. O critério empregado é a profundidade das modificações políticas e sociais ocorridas. Note-se que a Guerra de Independência americana de 1776 é, com frequência, chamada de Revolução Americana. Em outras palavras, somente se as mudanças são radicais em termos da substituição abrangente da elite dirigente e da troca de um regime político por outro, como nos casos históricos citados, é cabível a classificação de revolução.

A outra abordagem é mais flexível e utiliza o termo para situações de rupturas institucionais bruscas, embora menos profundas. Do ponto de vista operacional, consideramos que, se nos ativermos só às grandes revoluções, vamos ter instrumentos analíticos de utilidade apenas relativa. Em consequência, adotamos a visão mais flexível e utilizaremos a expressão movimento revolucionário, lembrando que há na literatura especializada, extensa tipologia.

Essa tipologia engloba, por exemplo, as rebeliões que visam à criação de nova ordem política, as revoltas, os pronunciamentos, como são rotulados muitos movimentos revolucionários na América Latina, as revoltas territoriais nacionalistas ou guerras de independência, os golpes de estado, as quarteladas, os golpes palacianos e os golpes pretorianos, como são chamados os golpes cometidos por militares e corpos de guardas de palácios. São classificados como mudança ou descontinuidade política, embora não signifiquem a ocorrência de alterações mais profundas em uma sociedade.

Há, na verdade, a queda de governantes e sua substituição nos principais cargos políticos como a Chefia de Estado e de Governo, bem como da alta administração pública. Verifica-se também a substituição, em algumas situações, de setores da elite governante, como destaca Pettee[1] em *The Process of Revolution*.

---

1 Pettee, George Sawyer. *The Process of Revolution*. In: Nunes Cambraia, Márcio Florêncio *Princípios Básicos de Teorias de Mudança Politica*. Revista Brasileira de Estudos Políticos Belo Horizonte, 1983.

Uma característica comum é a quebra da legalidade, a agressão à estrutura jurídica existente. Rompida a legalidade, instaura-se um governo *de facto*. Esse tipo de governo, no entanto, gera insegurança, por não se fundamentar em regras claras. Apoia-se na força das armas, na popularidade dos líderes do movimento, ou ainda, no entusiasmo pelas ideias levantadas pelos insurgentes.

A institucionalização da situação política dar-se-á pelo estabelecimento de uma nova ordem jurídica. Essa nova ordem estabelece limites à ação dos governados e, principalmente, dos governantes, e assim se passa a ter um governo *de iuri*, e uma volta à vida política normal.

Além das já citadas, outra classificação de movimentos de caráter revolucionário, adotada pelo autor Chalmers Johnson, é a insurreição militarizada de massas. Aqui, o modelo típico foi o caso do Vietnam. Houve participação de setores amplos da população, a insurreição foi dirigida por uma contra-elite, nacionalista e marxista, e culminou em 1975 com a queda de Saigon. Embora não nos interesse aprofundar discussão sobre tipologia no âmbito deste trabalho, tanto a revolução cubana de 1959, quanto a vietnamita, pela dimensão das mudanças provocadas, se enquadrariam como uma grande revolução. Em ambas houve a instauração de um novo regime político e social, e não apenas a substituição de dirigentes ou de parte da elite dirigente.

A cientista política de Harvard Theda Skocpol, no livro *States and Social Revolutions*, de 1979, fez distinção entre revolução política e revolução social. Considera que revolução social tem um sentido mais amplo e profundo, pois engloba mudanças tanto nas instituições estatais quanto nas estruturas sociais. Foram objeto de seus estudos, na linha de política comparada, particularmente as revoluções francesa, russa e chinesa, nas quais ocorreram mudanças radicais na ordem social.

De outra parte, pensamos que os conceitos básicos de mudança política podem também ser úteis para ajudar na compreensão de movimentos de revolta e protestos, mesmo que não cheguem a desaguar em situação propriamente revolucionária. Da mesma forma, auxiliam o entendimento de revoluções ou manifestações revolucionárias abortadas, ou seja, que não chegaram a ter êxito, frequentemente por causa de repressão eficaz.

Na visão pragmática que adotamos, consideramos que merecem destaque as pré-condições dos movimentos revolucionários bem como o estudo de suas fases. Embora haja diversidade nos trabalhos publicados sobre o tema, pode-se detectar algum grau de consenso, no sentido de que os mesmos fatores costumam estar presentes, com muita frequência, nas situações pré-revolucionárias.

A primeira pré-condição engloba os problemas econômicos. Esses problemas podem ser a ineficiência e a injustiça do sistema econômico, e crises (inclusive causadas por guerras) ou embargos internacionais, que geram insegurança e instabilidade. No âmbito dos aspectos econômicos incluem-se problemas do governo, cuja situação financeira precária, com déficits orçamentários já não administráveis, tende a provocar forte majoração de impostos e cortes de gastos – iniciativas causadoras de insatisfação.

Ou seja, frequentemente não são propriamente as sociedades que estão em dificuldades, mas sim o governo, que toma iniciativas radicais como a excessiva elevação da taxação, vista como ultrajante pela população ou por setores diretamente atingidos. Pettee[2] afirma que o serviço da dívida governamental francesa, *i.e.*, o pagamento de juros, nos anos imediatamente anteriores à revolução de 1789, consumia mais da metade das rendas do Estado. A derrama, cobrança forçada dos quintos, imposto sobre a produção de ouro, contribuiu para a revolta abortada da Inconfidência Mineira de 1789.

Além da elevação de impostos, a situação de dificuldade orçamentária tende a levar à excessiva emissão de moeda e a provocar inflação elevada, que além de desorganizar a economia, inclusive por penalizar de forma desigual diferentes segmentos sociais, é inegável causa de tensão. Problemas econômicos ocorrem sem que levem a situações revolucionárias, mas, evidentemente, são causa de insegurança e instabilidade

2 Pettee, obra citada, Nunes Cambraia, Marcio Florêncio Princípios Básicos de Teorias de Mudança Politica.

e contribuem para as pré-condições revolucionárias ao se juntarem a outros fatores.

Recorde-se que no caso do Brasil, o movimento de 1930 seguiu-se a dificuldades econômicas, enquanto 1964 teve como antecedente situação inflacionária - ao lado, reiteramos, de outros fatores. Skocpol também dá importância aos fatores econômicos e acrescenta desastres naturais relevantes e pressão internacional.

No entanto, em algumas situações estudadas, a economia havia passado por fase de prosperidade no período pré-revolucionário, o que demandou a busca de explicações mais qualificadas. O desenvolvimento econômico em períodos prévios a revoluções ou movimentos revolucionários chamou a atenção de um autor clássico como Alexis de Tocqueville que a colocou no seu livro *L'Ancien Regime et la Revolution*[3] que trata da Revolução Francesa. Um enfoque fundamentado na abordagem de Tocqueville foi posteriormente desenvolvido pelo cientista político norte-americano da Universidade do Oregon, James Chowing Davies.

Em sua teoria das expectativas crescentes Davies busca entender essa situação. Um período de desenvolvimento econômico e social leva as pessoas a esperarem que sua situação continue a melhorar. Se, ao período de progresso segue-se uma crise aguda, que quebre a fase de desenvolvimento, durante algum tempo as pessoas ainda manterão suas expectativas otimistas. Em algum ponto, entretanto, a percepção de que suas esperanças não serão cumpridas gera intensa frustração, que se transforma em terreno propício a manifestações revolucionárias.

A Revolução Russa de 1917 e a Egípcia de 1952, origem do nasserismo, são exemplos de situações explicadas por esse enfoque exposto por James Davies no artigo *Toward a Theory of Revolution*[4]. A visão de Davies, também chamada de *J Curve*, faz uma junção entre os fatores econômicos, a fase de progresso, uma crise subsequente que interrompa

3 De Tocqueville, Alexis. *L'Ancien Regime et la Revolution*. Trata-se de obra de extremo interesse para o estudo da mudança politica.

4 Davies, James C. *Toward a Theory of Revolution*. American Sociological Review,volume 27, número 1 fevereiro de 1962. In: Nunes Cambraia, Márcio Florêncio. *Princípios Básicos de Teorias de Mudança Politica*. Revista Brasileira de Estudos Políticos. Belo Horizonte, 1983.

o desenvolvimento, e os aspectos psicológicos do sentimento de frustração que leva à revolta. Davies disse que é mais provável que ocorram revoluções quando um período prolongado de crescimento econômico e social é interrompido por curta e brusca fase de crise, de quebra do crescimento. As pessoas, subjetivamente, passam a temer a perda do que foi conquistado. O Professor Davies adotou enfoque abrangente e englobou também distúrbios civis em seus estudos.

Embora não caracterizem situação pré-revolucionária, os protestos de junho de 2013 no Brasil, que ainda terão de ser analisados com mais cuidado, conjuntamente com outros fatores, preenchem, em principio, os requisitos básicos da *J Curve:* o período de crescimento e a frustração.

Ainda na vertente econômica, a situação de miséria não constitui, *per se*, fator revolucionário. A miséria e a luta básica pela sobrevivência podem conduzir, inclusive, ao individualismo e à diminuição da solidariedade social. O que leva à revolta é o sentimento de injustiça e a percepção da *relative deprivation* para a qual chama atenção o cientista político americano Ted Robert Gurr, autor de *Why Men Rebel*, publicado em 1970. Ou seja, mais do que os elementos puramente econômicos contam os fatores psicológicos, existe uma situação mental que predispõe ao protesto e à revolta. É considerada pré-condição de movimentos de revolta, por exemplo, a percepção da privação em comparação com a situação de outros grupos sociais, interna ou externamente.

Atualmente, a comunicação de massa faz com que segmentos carentes passem a comparar mais sua situação econômica com a de estratos bem situados e, com a globalização, o ponto de referência poderá estar situado, até mesmo, em outros países mais desenvolvidos, que têm diferentes realidades econômicas. A ambição material e o desejo de consumo extrapolam o entorno imediato e passam a ter como parâmetro o padrão de vida dos países ricos.

As migrações também merecem atenta observação. No caso da urbanização, a primeira geração que se desloca do campo para as periferias e favelas das cidades não tem vocação para a atividade revolucionária. Uma das razões é a sensação de que melhoraram suas condições de vida, pois tende a compará-las com sua anterior situação de dificuldades e privações.

Ademais, os migrantes mantêm ainda muito presentes os costumes rurais, procuram preservar vínculos familiares e estão profundamente absorvidos com a luta quotidiana pela sobrevivência. Essa situação, no entanto, tende a mudar a partir da segunda geração, que passa a absorver valores urbanos distintos daqueles de seus pais, a ter menos ligações familiares e a ter aspirações maiores que, não atendidas, levam a sentimentos de revolta. Os sentimentos de insatisfação podem não só canalizar-se para a criminalidade, como também para os protestos e manifestações de violência política.

Os processos revolucionários costumam ocorrer, por outro lado, em situações de grave desgaste da legitimidade dos governantes. Nesse quadro, a população deixa de acreditar na elite dirigente, que precisa, crescentemente, recorrer a meios coercitivos para se manter no poder. A utilização da coação demanda uma eficácia que, frequentemente, a estrutura governamental já não possui e tem um custo político alto, erodindo ainda mais a legitimidade. Cabe aqui o exemplo das revoltas da Primavera Árabe, em que os sistemas fechados passaram a ser vistos com descrédito pela população, que buscava um modelo com inclusão do valor liberdade.

Usamos a expressão desgaste de legitimidade dos governantes em oposição à "falta de legitimidade" da elite por causa do enfoque pragmático deste trabalho, para dar maior amplitude prática à analise política evitando circunscrevê-la às grandes revoluções.

Nas manifestações de protesto de junho de 2013 no Brasil havia claramente uma erosão de legitimidade do estamento político, que evidentemente faz parte, mas não coincide totalmente com a elite, o que ocorreu também na Primavera Árabe. Os protestos dirigiram-se contra um *modus* de exercício do poder político, com corrupção e prioridades equivocadas, mas não contra a fórmula política em si, a fórmula democrática em vigor no Brasil, apesar do descrédito dos partidos políticos.

Ligado ao processo de desgaste da legitimidade ocorre muitas vezes o esclerosamento das elites dirigentes, ou pelo menos de alguns de seus segmentos, e a falta de adequada comunicação do sistema político com o entorno social, que leva a seu isolamento. Esse esclerosamento não é necessariamente biológico, em virtude da idade dos dirigentes, mas se verifica em termos dos valores abraçados pela elite e pela massa, do descompasso entre o pensamento dos que detêm o poder político e os sentimentos da sociedade.

Como já abordado, pode ter se formado também uma contra-elite que se sente preparada e desejosa de assumir o poder. Se estiver marginalizada e se não existirem mecanismos institucionais para fazê-lo pacificamente, buscará tomar a direção do estado por meios radicais. Esses mecanismos podem, por exemplo, ser a realização de eleições, ou processos de mobilidade social eficientes, tais como o acesso a posições empresariais, às carreiras do serviço público e das forças armadas.

A circulação de elites, como visto, ao permitir a renovação paulatina da camada dirigente, torna desnecessária a busca da mudança radical. Nos dois exemplos que estamos examinando no momento, a Primavera Árabe e os protestos brasileiros, jovens que se consideram membros da elite, ou com a expectativa de a ela aceder por terem formação em cursos superiores, veem como ameaçadas suas expectativas de continuar a integrar ou vir a integrar essa elite. Ademais, ausência de empregos para os quais se consideram preparados é fator de frustração.

A falta de coesão dentro da própria elite, pelo acirramento das disputas internas, e o desgaste na sua crença de que detém o poder legitimamente, costumam levar a uma dificuldade de enfrentar com eficiência as ameaças revolucionárias. Pode haver uma letargia que impede a classe dirigente de reagir adequadamente aos desafios, inclusive pelo uso dos meios coercitivos de que dispõe.

O emprego da força para abortar os movimentos revolucionários tende a ser efetivo se usado adequadamente e em tempo hábil. Um regime disposto a empregar as armas para se manter no poder, dificilmente cairá nos primórdios de uma situação revolucionária, se utilizar forças policiais e militares com convicção e competência. O uso inadequado da coação –insuficiente, excessivo, ou extemporâneo – terá, no entanto, o efeito reverso de facilitar a derrocada.

A situação de guerra civil na Síria, que começou com manifestações de protesto em março de 2011, mostra aspectos do uso da força para a manutenção do poder já por um período de mais de três anos. Desde o início a força tem sido usada junto com algumas concessões e, apesar das pressões internas e internacionais, o regime tem mostrado firmeza e conseguido manter-se. Verifica-se situação que demonstra que um governo com suficiente grau de legitimidade e uma elite com nível de coesão adequado, decidida a preservar-se no poder, dificilmente é derrubado.

Outra vertente dos estudos de mudança política indica que determinadas situações internacionais, como tensões exacerbadas, crises e guerras, podem preparar terreno para eclosões revolucionárias, como ocorreu na Revolução Russa e na Revolução Chinesa. Na Revolução Russa, tivemos como antecedentes as derrotas na guerra contra o Japão de 1904-5 e a instabilidade que levou às revoltas sufocadas de 1905. Posteriormente, o Império Russo envolveu-se na Primeira Guerra Mundial (1914-1918), quando sofreu pesadas perdas. A Revolução Chinesa de 1949 tem como antecedentes na área internacional a Segunda Guerra Sino-Japonesa, de 1937 a 1945, que se projetou na Segunda Guerra Mundial. A invasão japonesa da Manchúria foi um símbolo de humilhação para os chineses.

Nos países derrotados, tende a ocorrer uma desintegração da autoridade e o desmantelamento econômico. Costumam aflorar os sentimentos de humilhação e de orgulho nacional ferido. Mas, mesmo nos países vitoriosos existem constrangimentos econômicos, perdas materiais e sacrifícios humanos. Theda Skocpol dá ênfase às pressões do ambiente externo para as situações revolucionárias. Cita, por exemplo, uma intensificação da competição internacional por parte de potências mais desenvolvidas como fator de pressão favorável, ou mesmo conducente a mudanças revolucionárias.

A Guerra Fria é campo fértil para o entendimento da influência dos fatores externos nos movimentos de mudança política. Como pontos de referência temporal podemos colocar seu início em 1945, fim do segundo conflito mundial, e seu término em 1989 com a queda do muro de Berlim.

Cabe precisar que a Guerra Fria foi um período histórico em que emergiu da Segunda Guerra Mundial uma configuração basicamente bipolar. O mundo dividiu-se em dois campos opostos, em disputa na área estratégica, econômica, tecnológica e ideológica. Em todas essas áreas o bloco liderado pelos EUA disputava supremacia com aquele liderado pela URSS. Como já vimos, tratava-se de um jogo de soma-zero, em que a cada ganho de um dos contendores correspondia uma perda igual e simétrica do outro. Como consequência, as exigências de alinhamento e de lealdade das potências líderes em relação aos membros do seu bloco ou da sua área de influencia eram muito grandes.

Envolvidos nessa luta, em que havia muita nitidez ideológica – combate ao comunismo, de um lado; luta contra as economias de mercado democráticas, de outro – os Estados Unidos e a União Soviética, diretamente ou por meio de países aliados, apoiavam movimentos políticos ou revolucionários que pudessem desestabilizar o campo adversário. Esse apoio era muito amplo e englobava o fornecimento de meios financeiros, operações de informações pelos respectivos serviços secretos, treinamento de lideranças políticas, chegando ao fornecimento de meios logísticos e treinamento militar, bem como de insurgência e contra-insurgência. A propaganda maciça estava sempre presente. Nos países que compunham os dois blocos houve exacerbação da radicalização ideológica interna, estimulada pelos dois estados líderes. Recorde-se que, no Brasil, a fase anterior a 1964 foi objeto dessa polarização ideológica, com muita influência externa.

O período da Guerra Fria, no pós Segunda Guerra Mundial, foi pano de fundo para várias manifestações de descontinuidade política na América Latina, como em 1954 no Paraguai, quando o general Stroessner assumiu o poder, no qual se manteve até 1989, quando foi deposto pelo General André Rodrigues. Na Argentina, Perón foi deposto em 1955. No Uruguai os militares passaram a deter o poder em 1973, na esteira do combate ao movimento de esquerda dos tupamaros e no mesmo ano os militares assumiram o poder no Chile. Em 1979 foi vitoriosa a revolução sandinista na Nicarágua, liderada pela Frente Sandinista de Libertação Nacional (FSLN). Sandino foi herói da década de 1920, ao combater contra os americanos. A revolução sandinista contou com o apoio militar e logístico de Cuba. Na Bolívia, o período do pós guerra apenas testemunhou uma instabilidade política que já era crônica e que foi agravada na Guerra Fria.

No continente africano, em pleno período da Guerra Fria, tivemos a guerra de independência de Angola contra a metrópole colonial portuguesa, em que a Unita contou com o apoio dos EUA e da África do Sul e o MPLA foi ajudado pela URSS e por Cuba. Em Moçambique a Frelimo contou com ajuda da URSS (e da China) e a Renamo com auxílio da antiga Rodésia, da África do Sul e de setores do Governo americano. É interessante notar que essas lutas pela independência contribuíram, por sua vez, para a Revolução dos Cravos em Portugal em 25 de abril de 1974.

Evidentemente, na análise dos movimentos revolucionários, a situação internacional deve ser vista em conjunto com outros fatores. O analista não pode adotar a posição ingênua de considerar movimentos revolucionários como fruto apenas de geração espontânea, de idealismo. Tampouco o combate a esses movimentos deve ser visto somente como manifestação de um desejo de repressão. Devemos procurar entendê-los com a perspectiva de quadro mais amplo de interesses e de atuação de forças internacionais. A exemplo das situações revolucionárias citadas acima, também no ciclo de 1964 no Brasil, tanto o regime quanto seus opositores contaram com graus variados de estímulos e apoio dos campos antagonistas da Guerra Fria.

No que diz respeito ao desenvolvimento temporal dos movimentos revolucionários, deve-se destacar que o professor da Universidade de Harvard, Crane Brinton, dedicou parte importante de sua obra clássica "Anatomia da Revolução", de 1938[5], ao estudo das fases das revoluções.

---

5 Brinton, Crane. *Anatomia de la Revolución.* Madri: Editora Aguilar, 1958. Tradução do original em inglês *The Anatomy of Revolution,* de 1938 (Ed. Prentice Hall). Concentra-se nas "grandes revoluções" e é leitura recomendada.

Também Pettee e Gellner[6] dedicaram-se ao tema, e suas considerações podem ser de muita utilidade para o observador político.

Esses autores demonstraram a ocorrência de um padrão que se pode resumir na existência de uma fase inicial moderada, a que se segue um estágio de radicalização, às vezes inaugurado com um golpe de estado, depois seguido por um período de liberalização e pela volta da vida política a seu curso normal. Tendo em vista que as situações revolucionárias demandam intensa mobilização e profunda quebra de rotina das atividades sociais e econômicas, é natural que, após certo tempo, sobrevenha o cansaço da população, que passa a ansiar por ter novamente uma vida normal.

O modelo clássico refere-se à Revolução Francesa de 1789. Ocorreu uma fase inicial de aliança entre moderados e radicais, depois a assunção dos radicais jacobinos e o período do Terror, quando além da repressão política houve o paroxismo do moralismo. Verificou-se o fim da fase radical em 1794. Começa então uma acomodação durante o governo do Diretório, quando se assiste ao abrandamento dos ardores revolucionários.

A Revolução iraniana de 1979 também teve a aliança de forças moderadas e radicais para a derrubada do regime do Xá, seguida da radicalização de caráter religioso islâmico com a tomada do poder pelos aiatolás. Também se verificou uma posterior normalização, apesar da busca constante da ortodoxia por parte das lideranças islâmicas.

A necessidade de formar alianças para derrubar o poder vigente ajuda a explicar a moderação da fase inicial, período em que os revolucionários buscam também consolidar maior apoio de forças políticas e de segmentos da sociedade.

No entanto, os grupos que formaram a coalizão têm dificuldade em manter sua coesão, pois frequentemente o que os unia era somente o desejo de derrubar o *ancien régime*. Muitas vezes não compartilhavam os mesmos valores ideológicos e, após o momento inicial de luta pelo objetivo comum, começavam a aparecer as fissuras. De outra parte, se-

6 Pettee e Gellner citados no artigo de referência Princípios Básicos da Revista Brasileira de Estudos Políticos.

tores antirrevolucionários já podem ter tido tempo para se reorganizar, articulando a reação, o que leva as forças revolucionárias no poder a movimento defensivo, por meio da radicalização e do emprego de meios repressivos mais fortes.

Dois outros fatores costumam contribuir para a etapa radical. Os grupos mais extremistas (ideológicos ou religiosos, *e.g.*) tendem a ser mais convictos de sua doutrina, mais coesos e ativos, e assumem a liderança do processo revolucionário. Os segmentos mais moderados tenderiam a ser menos ativistas e mais acomodados. Além disso, há a possibilidade de que fatores externos criem uma situação de cerco e a necessidade de medidas fortes para a defesa do movimento.

A fase radical costuma ser também puritana e moralista. Como processo revolucionário é, por definição, uma situação excepcional, de mobilização política intensa, a fase radical representa o paroxismo dessa mobilização. Verifica-se, depois de um lapso de tempo, um cansaço das forças políticas e da sociedade, que passam a almejar segurança e paz. Segue-se a liberalização, que é a volta da normalidade, com a consolidação institucional.

Esse padrão, detectado nas chamadas grandes revoluções, pode ser utilizado como referência analítica também em outras situações revolucionárias ou de sublevação. Apenas para ilustrar, nos processos ocorridos no Brasil em 1930 (radicalização em 1937 e liberalização em 1945) e 1964 (radicalização em 1968, processo de flexibilização a partir de 1974, e liberalização em 1984), é possível detectar a existência de fases semelhantes às dos modelos das grandes revoluções. Ou seja, com os devidos cuidados, *cum grano salis*, podemos utilizar esses instrumentos para antecipar o desenvolvimento de processos revolucionários.

A professora Skocpol tem visão diferente a respeito das fases da revolução social (a que causa mudanças sociais profundas) e ensina que existem duas etapas : primeiro, uma crise estatal, que é uma situação de desafios que o Estado não consegue vencer, e na qual a elite se divide; depois emerge um grupo que explora o que chama de "situação revolucionária". A mestre de Harvard pensa que, se não há uma "situação revolucionária" não há revolução, mesmo que na visão marxista se verifiquem as condições de sublevação do proletariado. Trata-se de uma visão estrutural, que não dá importância ao papel da liderança individual ou da ideologia.

Em resumo, podemos dizer que uma das áreas mais difíceis da análise política, pela permeabilidade aos arrebatamentos ideológicos e religiosos, a rubrica mudança política conta, no entanto, com ferramentas de razoável precisão para uma abordagem objetiva.

CONCLUSÃO

Vivemos em uma época na qual a quantidade de informações a que temos acesso aumenta a cada dia. Cresce também a velocidade com que as informações chegam a nosso conhecimento. Temos ciência imediata de fatos que ocorrem em outros continentes. Se sempre foi útil ter uma moldura mental que possibilite a compreensão da realidade, o desenvolvimento tecnológico nas comunicações e no processamento de dados torna ainda mais importante termos um quadro conceitual que nos ajude no entendimento de um mundo cada vez mais complexo, mais interdependente e mais dinâmico.

De outra parte, frequentemente os centros de estudo, como as universidades, buscam aprofundar o conhecimento de teorias específicas e de autores de grande nomeada, muitas vezes seguindo a preferência pessoal dos professores. Descura-se de fornecer aos estudantes uma visão mais ampla da disponibilidade de instrumentos analíticos. Essas ferramentas analíticas têm a função de permitir ao observador político organizar sua visão da realidade.

O aprofundamento de teorias e o conhecimento de autores sem amplitude de visão levará fatalmente a distorções na análise política. Um jornalista, um diplomata, um profissional de serviços de informações (ou inteligência) que conheça a fundo as teorias de Marx ou de Weber, em detrimento de outros instrumentos analíticos, terá dificuldade em fazer análises objetivas e eficazes. Incorrerão no mesmo erro aqueles que, sem uma base conceitual, se "aventuram" na análise política.

Outra falha disseminada é a falta de um sólido e abrangente conhecimento dos conceitos essenciais de política por parte dos alunos de Relações Internacionais. Os estudantes são confrontados, por exemplo, com complexas teorias das correntes sobre o realismo e o idealismo, ou sobre configurações de poder nas relações internacionais, sem dominarem o conceito de poder. Frequentemente não aprenderam o que é legitimidade e se veem às voltas com problemas da legitimidade no cenário externo. Por vezes, não têm uma noção clara do próprio Estado, ainda hoje o principal ator nas relações internacionais, apesar da importância crescente de outros atores, como as Organizações Internacionais, e mesmo organizações não governamentais, as ONGs de atuação internacional, como no campo dos direitos humanos, do meio ambiente, etc.

Este trabalho procurou indicar instrumentos, que podemos mesmo chamar de ferramentas, que possibilitem ao observador construir uma moldura mental, uma *frame of mind* que lhe permita organizar os fatos da realidade política e assim melhor entende-los. Sem capacidade de organização mental, o analista fica sem rumo e não saberá dar ordem lógica aos eventos que observa.

Ademais, há o aumento da rapidez da transmissão de informações, a concorrência acirrada entre as agências de notícias e entre as redes informativas internacionais, bem como o desenvolvimento de novos instrumentos de transmissão. Essa nova situação tem diminuído a tradicional intermediação, por exemplo, entre os correspondentes nos cenários de guerras e as redações. Os jornalistas, como os correspondentes estrangeiros em áreas de conflito, tendem a transmitir diretamente, com frequência ao vivo, no caso de redes de televisão e rádio, suas informações, que não são processadas e revistas pelas redações[1].

---

1 O *International New York Times* publicou, em sua edição impressa de 28 de julho de 2014, interessante matéria de David Carr com o sugestivo título *News so fast, it loses time for reflection*..

A pressa e a falta de uma moldura conceitual têm levado setores da imprensa a análises açodadas e sem embasamento adequado. Como exemplo, na anexação da Criméia em março de 2014, falou-se muito em volta da Guerra Fria. Ora, a Guerra Fria constituiu um período histórico definido, como já vimos no corpo deste trabalho. A acentuada bipolaridade foi uma das características daquela época, junto com outros elementos, como a acirrada disputa ideológica, inexistentes em 2014. Pode-se fazer alguma analogia com a situação de divergência entre os Estados Unidos e a Rússia, mas é inexato, e induz a análise equivocada apontar para uma retomada da Guerra Fria.

De outra parte, tem aumentado exponencialmente a utilização das redes sociais na atividade política. Esse fenômeno ocorre, como já vimos, tanto em campanhas eleitorais, como em situações de mudança política. É exemplo marcante o uso sofisticado dos meios eletrônicos pela liderança do Estado Islâmico do Iraque e da Síria para a divulgação de seus feitos, para o recrutamento de novos membros, e para a intimidação de inimigos. Seus vídeos, divulgados pela *internet*, mostram suas vitórias, suas conquistas, bem como execuções de inimigos[2]. É uma comunicação direta que tende a escapar da tradicional censura existente em tempos de guerra. O analista deve estar atento e acompanhar esses novos meios, que estão deixando ao largo a imprensa escrita e mesmo os jornais e revistas *on line* como fonte de informação.

Como vimos no decorrer deste trabalho, os vários campos de conhecimento, úteis para o entendimento da política, têm adquirido crescente precisão conceitual, e devemos nos valer dessa maior exatidão para embasar nossas análises.

O analista político é frequentemente solicitado a redigir informações sobre fatos e processos. Essas informações, que os ingleses e americanos chamam de *papers*, são a base para a definição de diretrizes, ou seja, para a tomada de decisões. Portanto, para serem eficazes, devem obedecer a alguns requisitos. Em outras palavras, o analista deve ter

---

2 O *International New York Times*, versão impressa, em 01 de setembro de 2014, publicou interessante matéria, com o título *ISIS builds base with deft use of varied media*, de Scott Shane e Bem Hubbard.

capacidade de transmitir o resultado de suas observações com ordem lógica, clareza e concisão. Na verdade, esses requisitos são os mesmos exigidos para uma boa redação. Uma análise deve ser lida e entendida sem dificuldades.

De outra parte, o autor da informação política deve ter em mente que em sua elaboração não cabe a ambição de fazer literatura. Ademais, não se deve limitar a apenas narrar fatos, o que cabe a jornalistas encarregados de buscar e transmitir notícias. Atualmente, as notícias fatuais são transmitidas em tempo real e, sem dúvida, já serão de conhecimento do destinatário da informação no momento da leitura. Os fatos devem ser citados apenas quando necessário e como apoio à análise. É aspecto que deve ser cuidadosamente observado por diplomatas no exterior, para evitar sobrecarregar suas chancelarias.

Por último, como já visto na Introdução e no Capitulo 1 deste trabalho, devemos ter em mente que é essencial que, em suas análises, o observador busque a maior isenção possível, evitando contaminação tanto de fatores ideológicos quanto pessoais. Como estamos frequentemente imersos na realidade que analisamos, é difícil conseguir a imparcialidade adequada, mas devemos fazer esforço nesse sentido, para combater distorções que prejudicam a objetividade e a qualidade da observação.

NOTAS BIBLIOGRÁFICAS

Introdução

1. Em seu livro Introduction to Politics o professor Harold Laski discorre sobre conceitos básicos em política. Ver Laski, Harold. Introduction to Politics. Londres: Editora George Allen & Unwin, 1978.
2. A adequada leitura e o aproveitamento deste trabalho pressupõem, naturalmente, o conhecimento de alguns conceitos fundamentais de política. Esses conceitos podem ser também encontrados em Dahl, Robert. Analise Política Moderna. Brasilia: Editora Universidade de Brasília,1981.

Capítulo 1
Modelos e Cenários

1. DEUTSCH, Karl. Os Nervos do Governo. Rio de Janeiro: Bloch Editores Rio de Janeiro 1971, parte 1 capítulos 1, 2.

Capítulo 2
Precisão Conceitual

1. Merece consulta a revista Política Externa, HMG Editora que, em seu volume 21, número 3 (janeiro, fevereiro, e março de 2013) publica artigos do antigo Chanceler Celso Lafer (pag. 19) e do professor Marco Aurélio Garcia (pag. 9) que tratam, sob diferentes perspectivas, da suspensão do Paraguai do Mercosul, na esteira do impeachment do ex-presidente Lugo. Garcia fala em aventura golpista, na pagina 14, e Lafer diz que o processo foi considerado válido e constitucional pelo judiciário do Paraguai, na página 22.

Capítulo 3
Os Conceitos de Poder, de Autoridade, de Influência e de Legitimidade

1. FREUND,Julien. Sociologia de Max Weber. Rio de Janeiro: Editora Forense Universitária, 1975. Em nota prévia ao texto, o professor Freund diz que

procura expor "tão claramente quanto possível o pensamento sociológico de Weber ".

2 KAPLAN, Abraham e LASSWELL, Harold. Poder e Sociedade. Brasília: Editora Universidade de Brasília, 1979.

3. FREUND, Julien Qu' est que la politique? Paris: Editions du Seuil, 1965.

4. FRIEDERICH, Carl. Uma Introdução à Teoria Política.Rio de Janeiro: Zahar Editores, 1970. Embora se trate de uma discussão a respeito de teoria politica e não propriamente de análise política é leitura imprescindível, pelo enriquecimento teórico que proporciona.

5. FRIEDERICH, Carl. Tradição e Autoridade em Ciência Política. Rio de Janeiro: Zahar Editores, 1974. O autor mostra uma ligação enriquecedora entre os conceitos de tradição e de autoridade, em visão original.

6. LASSWELL, Harold. Politica: quem ganha o que, quando e como. Brasília: Editora Universidade de Brasília, 1984. Trata-se de autor que adota a abordagem distributiva, que se reflete no sugestivo titulo dessa obra.

7. NYE JR, Joseph. Soft Power. Nova York: Editora Public Affairs, 2004.

8. MICHELS, Robert. Les Partis Politiques, com o subtítulo Essai sur les tendences oligarchiques des démocraties. Paris: Ernest Flarion Editeur, 1919. Trata-se de um clássico sobre partidos políticos. Na terceira parte da obra (paginas 140 a 161), Michels procura, de modo muito interessante, investigar os aspectos psicológicos da liderança, abordando a influencia do exercício do poder sobre os chefes políticos, a identificação do partido com sua liderança, e os efeitos psicológicos de estar na oposição ou no poder.

9. WEBER, Max. Ensaios de Sociologia, com organização e introdução por H.H.Gerth e C. Wright Mills. Rio de Janeiro: Zahar Editores, 1979. Max Weber e autor de clássica abordagem sobre a legitimidade, leitura imprescindível para o analista politico.

Capítulo 4
As Abordagens da Realidade politica

1. DE TOCQUEVILLE, Alexis. La Démocratie em Amerique. Paris: Editions M.-Th. Génin, 1951. Tocqueville busca as raízes democráticas dos Estados Unidos nos primórdios do estabelecimento das comunidades naquele pais. A prática democrática surge, autonomamente, da própria sociedade, ao procurar meios de se organizar.

2. FINER, Samuel Edward. Comparative Government. Aylesbury: Editora Penguin Books, 1977. Finer analisa os sistemas do Reino Unido, dos Esta-

dos Unidos da América, da França e da URSS, além de abordar outros sistemas como a façade-democracy, a quasi-democracy, e o military regime.

3. BOTTOMORE, Thomas B. As Elites e a Sociedade. Segunda Edição Rio de Janeiro: Zahar Editores, 1974.
4. GASPARI, Hélio. A Ditadura Envergonhada. Rio de Janeiro: Companhia das letras, 2002, página 116.
5. GASPARI, Elio. Obra citada Introdução página 41.
6. A revista Foreign Affairs, na edição (digital) de maio/junho de 2014 também publica artigo de G. John Ikenberrg, The Illusion of Geopolitics.

Capítulo 5
A Abordagem Sistêmica

1. YOUNG, Oran. Introdução à Análise de Sistemas Políticos. Rio de Janeiro: Zahar Editores, 1970.
2. EASTON, David, organizador. Modalidades de Análise Política. Rio de Janeiro: Zahar Editores, 1970. O artigo de Anatol Rapoport, da Universidade de Michigan e o do organizador David Easton são bastante claros e didáticos e destacam a capacidade de reformulação e renovação dos sistemas.
3 EASTON, David. obra citada.

Capítulo 6
A teoria da Informação e Controle (Abordagem Cibernética)

1. O mencionado livro Os Nervos do Governo, do professor Karl Deutsch, eh a grande referência no que se refere aa abordagem cibernética. Obra citada, página 208.
2. "EUA são incapazes de analisar fluxo inédito de dados sobre o terrorismo", de autoria de Lourival Sant Anna no Estado de São Paulo on line de 08.06.2013.
3. Editorial do International New York Times de 14/15 de junho de 2014 (pagina 8) edição impressa diz ser surpreendente que os iraquianos e os americanos, que trocam informações, pareçam ter sido apanhados despreparados (flat-footed) pela velocidade das vitorias insurgentes. Cremos que na análise dessa situação cabe, ademais, levar em conta uma certa paralisia e descoordenação dos núcleos decisórios dos Governos norte-americano e iraquiano, embora essa consideração não diminua a importância da falha na área de informações.

4. DEUTSCH. Obra citada, página 208.
5. Para o processo de abertura política é interessante a leitura do volume 4 O Sacerdote e o Feiticeiro, de A Ditadura Encurralada, de Elio Gaspari. Rio de Janeiro: Editora Intrínseca, 2014.
6. SKIDMORE, Thomas. Brasil de Getúlio a Castelo. Terceira Edição, Rio de Janeiro: Editora Paz e Terra, 1975.
7. DEUTSCH. Obra citada, página 242
8. Reitere-se que a leitura de Os Nervos do Governo, do cientista político tcheco Karl Deutsch, é recomendação essencial para o analista político.

Capítulo 7
A Abordagem Distributiva

1. LASSWELL, Harold. Obra citada
2. SAMUELSON, Paul. Introdução à Análise Econômica. Rio de Janeiro: Editora Agir, 1975. Ver Tomo 1 página 19.
3. São as chamadas políticas econômicas keynesianas, com origem no pensamento do economista inglês John Maynard Keynes, Lord Keynes. Contemplam intervenção estatal para estimular ou desestimular a economia, por meio de medidas como mudanças nas taxas de juros, alteração de deposito compulsório, aumento ou diminuição de liquidez no sistema econômico.

Capítulo 8

A Teoria dos Jogos

1. NOGUEIRA, Octaciano. Introdução à Ciência Política, volume 1. Brasília: Editora Unilegis, 2006. O livro do cientista político e professor da UNB Octaciano Nogueira traz, no apêndice, páginas 257 a 261, uma explicação simples e muito resumida sobre a teoria dos jogos, com base em verbete do Concise Oxford Dictionary of Politics.
2. LIRA NETO. Getúlio 1930-1945 Do Governo Provisório à Ditadura do Estado Novo. Rio de Janeiro: Editora Companhia das Letras, 2013, página 87.
3. DEUTSCH. Obra citada Capítulo 4 páginas 89 a 99.
4. Para entender um aspecto crucial da Guerra Fria, a politica de contenção adotada pelos Estados Unidos, recomenda-se o celebre artigo Motivações da Conduta Soviética, que ficou conhecido como Artigo X, de George Kennan, publicado na revista Foreign Affairs de julho de 1947. George Ke-

nnan foi embaixador dos EUA em Moscou. A revista da Universidade de Brasília Documentação e Atualidade Política, número 2, janeiro/março de 1977, publicou tradução do Artigo X. Esse trabalho teve como base o também famoso Long Telegram enviado da Embaixada americana em Moscou, elaborado por Kennan, e que procurava analisar a política de expansão soviética e apresentava sugestões para contê-la.

Capítulo 9
A Teoria das Elites

1. BOTTOMORE, Thomas. Obra citada pagina 7.
2. MEISEL, James H. organizador. Pareto & Mosca. New Jersey: Editora Prentice-Hall, 1965. Trata-se de coletânea de artigos sobre a teoria de elites que inclui textos de autores da dimensão de Talcott Parsons, Raymond Aron, Joseph Schumpeter, e Wright Mills.
3. WRIGHT MILLS, C. A Elite do Poder. Rio de Janeiro: Zahar Editores, 1975. O professor da Universidade de Columbia Wright Mills explora as relações, de caráter intercambiável, entre os segmentos político, militar e econômico da elite norte-americana. Procura também desfazer o mito do self made man cultivado nos Estados Unidos, inclusive do ponto de vista regional e local. Trata-se de livro de leitura interessante e agradável, mesmo com a solidez de seu enfoque.
4. MICHELS. Obra citada.

Capítulo 10
A Teoria dos Grupos

1. NUNES CAMBRAIA, Márcio Florêncio. Sistema Político Inglês. Tradição e bom senso. Revista on line Liberdade e Cidadania número 6 outubro/dezembro de 2009.
2. YOUNG, Oran. Obra citada. No Capítulo 6 (páginas 105 a 121) da Introdução à Análise de Sistemas Políticos o professor Oran Young faz uma descrição das origens e do quadro teórico da Teoria de Grupos de modo claro e acessível.
3. MILIBAND, Ralph. O Sistema Estatal e a Elite do Estado in Cardoso. Fernando Henrique e Martins, Carlos Estevam, organizadores, Política e Sociedade. São Paulo: Companhia Editora Nacional, 1979. É esclarecedora a leitura, não só pelas considerações sobre governo e estado, mas também pelas referências ao papel das elites.

4. COSTA PORTO, Walter. Dicionário do Voto. São Paulo: Editora Giordano, 1995, página 324. Trata-se de livro extremamente útil, e referência para os temas abordados no capítulo sobre partidos políticos e voto deste trabalho.
5. Finer, S.E.. Grupos de Pressão in Cardoso e Martins, obra citada. O artigo Grupos de Pressão foi reproduzido do livro de Finer Anonymous Empire: a Study of Lobby in Great Britain.
6. AMADO, Rodrigo. organizador. Araújo Castro. Coleção Itinerários. Brasília: Editora Universidade de Brasília, 1982.

Capítulo 11
Partidos Políticos e Voto

1. Merecem consulta a página on line do UOL noticias de 23.07.2010 e o endereço eletrônico do PMDB Boletim Movimento edição 148 de 30.04.2013.
2. DUVERGER, Maurice. Os Partidos Políticos. Brasília: Editora Universidade de Brasília/ Zahar Editores, 1980.
3. SARTORI, Giovanni. Partidos e Sistemas Partidários. Brasília: Editora Universidade de Brasília/Zahar Editores, 1982.
4. DUVERGER. Obra citada página 241.
5. LINZ, Juan. Um Regime Autoritário: Espanha. In: CARDOSO, Fernando Henrique; e MARTINS, C.E. (Org.). Política e Sociedade. São Paulo: Ed. Nacional, 1979.
6. SARTORI. Obra citada página 222.
7. SARTORI. Obra citada página 258.
8. DUVERGER. Obra citada página 98.
9. MICHELS. Obra citada.
10. DUVERGER. Obra citada página 197.
11. DUVERGER. Obra citada página 358.
12. MARTIN SALGADO, Lourdes. Marketing Político. Barcelona: Ediciones Paidos Ibérica, 2002.
13. SARTORI. Obra citada. Merece atenção o prefácio do autor à edição brasileira.
14. COSTA PORTO,Walter. Obra citada e NOGUEIRA, Octaciano. Sistemas Políticos e o Modelo Brasileiro. Brasília: Editora Unilegis Senado Federal, 2007. Devem ser vistos como uma fonte acessível, simples e clara no que diz respeito ao tema deste Capítulo.

15. DE TOCQUEVILLE, Alexis. Obra citada volume 1, página 121 in NUNES CAMBRAIA, Márcio Florêncio. Eleições Indiretas nos Estados Unidos: o aparente paradoxo. Revista on line Liberdade e Cidadania, ano 1, número 4, abril/junho de 2009.

Capítulo 12
Mudança Política

1. PETTEE, George Sawyer. The Process of Revolution in NUNES CAMBRAIA, Márcio Florêncio. Princípios Básicos de Teorias de Mudança Política artigo publicado na Revista Brasileira de Estudos Políticos número 56, janeiro de 1983. Esse artigo foi largamente utilizado pelo autor na elaboração do capítulo 12 do presente trabalho.
2. PETTEE, obra citada, e NUNES CAMBRAIA, Márcio Florêncio, Princípios Básicos de Teorias de Mudança Política.
3. DE TOCQUEVILLE, Alexis. L'Ancien Régime et la Révolution. Trata-se de obra de extremo interesse para o estudo da mudança política.
4. Davies, James C. Toward a Theory of Revolution American Sociological Review volume 27 número 1 fevereiro de 1962 citado em Nunes Cambraia, Márcio Florêncio, Princípios Básicos de Teorias de Mudança Política, Revista Brasileira de Estudos Políticos 1983.
5. BRINTON, Crane Anatomia de la Revolución. Madri: Editora Aguilar, 1958. Tradução do original em inglês The Anatomy of Revolution de 1938 da editora Prentice Hall. Concentra-se nas "grandes revoluções" e é leitura muito recomendada.
6. PETTEE E GELLNER citados no artigo de referência Princípios Básicos da Revista Brasileira de Estudos Políticos.

Conclusão

1. O International New York Times publicou, em sua edição impressa de 28 de julho de 2014, interessante matéria de David Carr com o sugestivo titulo News so fast, it loses time for reflection.
2. O International New York Times, versão impressa, em 01 de setembro de 2014, publicou interessante matéria, com o titulo ISIS builds base with deft use of varied media, de Scott Shane e Bem Hubbard.

SUGESTÕES BIBLIOGRÁFICAS

Procurou-se fazer uma seleção principalmente de obras clássicas que permitirão o aprofundamento dos temas tratados no trabalho. Trata-se de uma complementação das notas bibliográficas contidas no corpo do livro, e tem caráter indicativo, não sendo uma listagem exaustiva. Na primeira parte colocam-se textos que englobam ciência política, teoria e doutrina política.

Hamilton, Alexander, Madison, James & Jay, John. O Federalista, Brasília, Editora UnB, 1981.

Morus, Thomas. A Utopia, Brasília, Editora UnB, 1980.

Watkins, Frederick. A Idade da Ideologia, Brasília, Editora UnB, 1981.

De Crespigny, Anthony & Minogue, Kenneth. Filosofia Política Contemporânea, Brasília, Editora UnB, 1981.

Lasswell, Harold e Kaplan, Abraham. A Linguagem da Política, Brasília, Editora UnB, 1979.

Dahrendorf, Ralf. As classes e seus conflitos na sociedade industrial, Brasília, Editora UnB, 1982.

Crick, Bernard. Em defesa da política, Brasília, Editora UnB, 1981.

King, Preston T. O Estudo da Política, Brasília, Editora UnB, 1980.

Cohan, A.S. Teorias da Revolução, Brasília, Editora UnB, 1981.

Mossé, Claude. Atenas: A História de uma democracia, Brasília, Editora UnB, 1979.

Baker, Sir Ernest. Teoria Política Grega, Brasília, Editora UnB, 1978.

Almond, Gabriel A. e Powell Jr., G.Bingham. Uma Teoria da Política Comparada, Rio de Janeiro, Zahar Editores.

Eisenstadt, S.N. Modernização: Protesto e Mudança, Rio de Janeiro, Zahar Editores, 1969.

Catlin.G.R.G. Tratado de Política, Rio de Janeiro, Jahar Editores, 1964.

Verecker, Charles. O Desenvolvimento da Teoria Política, Rio de Janeiro, Zahar Editores, 1967.

Stuart Mill, John. Considerações sobre o Governo Representativo, Brasília, Editora UnB, 1981.

Aron, Raymond. Estudos Políticos, Brasília Editora UnB, 1980.

Bobbio, Norberto. A teoria das Formas de Governo, Brasília, Editora UnB,1980.

Voegelin, Eric. A nova Ciência da Política, Brasília, Editora UnB, 1979.

Dahrendorf, Ralf. Sociedade e Liberdade, Brasília, Editora UnB, 1981.

Mosca, Gaetano & Bouthoul, Gaston. História das Doutrinas Políticas, Rio de Janeiro, Zahar Editores, 1975.

Neumann, Franz. Estado Democrático e Estado Autoritário, Rio de Janeiro, Zahar Editores, 1969.

Schumpeter, Joseph. Capitalismo, Socialismo e Democracia, Rio de Janeiro, Zahar Editores, 1982.

Mosca, Gaetano. A Classe Dirigente. Em Sociologia Política, Amaury de Souza (org.) Rio de Janeiro, Zahar Editores, 1966.

Pareto, Vilfredo. As elites e o uso da força na sociedade. Em Sociologia Política, Amaury de Souza (org.), Rio de Janeiro, Zahar, 1966.

Arendt, Hannah. Sobre a violência, Rio de Janeiro, Civilização Brasileira Editora, 2009.

Sartori, Giovanni. A Política, Brasilia, Editora UnB, 1981.

Tocqueville, Alexis de. O Antigo Regime e a Revolução, Brasília, Editora UnB.

Burke, Edmond. Reflexões sobre a revolução em França, Brasília, Editora UnB.

Burdeau, Georges. La démocratie, Paris, Editions Seuil.

Hobbes, Thomas. Leviatã. Há diversas edições.

Montesquieu, Charles-Louis de Secondat, baron de. O Espirito das Leis. Há diversas edições.

Hume, David. Ensaios Morais e Políticos. Há diversas edições. Em espanhol existe a edição Ensayos Politicos, Madri, Union Editorial, 2005.

Kant, Emanuel. A paz perpétua. Há diversas edições.

Brecht, Arnold. Teoria Política, Rio de Janeiro, Zahar Editores, 1965 (2 volumes).

Duverger, Maurice. Ciência Política Teoria e Método, Rio de Janeiro, Zahar Editores, 1965.

Maquiavel, Nicolau. Comentários sobre a Primeira Guerra de Tito Lívio, Brasília, Editora UnB, 1979.

Maquiavel, Nicolau. A Arte da Guerra, Brasília, Editora UnB, 1980.

Berlin, Isaiah. Quatro Ensaios sobre a Liberdade, Brasília, UnB 1981.

Sulton, J.S. American Government. Walton on Thames, Ed Thomas Nelson and Sons, 1985.

Lipset, Seymor Martins. A Sociedade Americana uma análise histórica e comparada. Rio de Janeiro, Zahar Editores, 1966.

Bobbio, Norberto. Pluralismo em Dizionario di Politica, Bobbio, N., Matteucci, N. e Pasquino, G editores Turim, TEA, 1990.

Lasky, Harold. Authority in the modern state, New Haven, Yale University Press, 1919.

Mc Farland, A. Common Cause. Lobbying in the public interest. New Jersey, Chatham House 1984

Olsen Junior, Mancur. The logic of collective action. Cambridge, Harvard University Press 1965

Truman, D. The government process: political interests and public opinion. New York, Knopf Editora, 1951.

Jackson, R. Honest Graft. Big Money and the American Political Process, Washington, Faragut Publishing Co., 1990.

Schumpeter, J.A. Imperialismo e Classes Sociais. Rio de Janeiro, Zahar Editores, 1961.

De Jouvenel, Bertrand. As origens do Estado Moderno uma história das ideias políticas no século XIX, Rio de Janeiro, Zahar Editores, 1978.

Chevalier, Jean Jacques. As Grandes Obras Políticas de Maquiavel a nossos dias, Rio de Janeiro, Agir Editora, 1976.

Field, G.C. Teoria Política, Rio de Janeiro, Zahar Editores,1959.

Arendt, Hannah. A Condição Humana, Rio de Janeiro, Editora Forense, 2003.

Bobbio, Norberto. Teoria do Ordenamento Jurídico. Brasília, Editora UnB, 1999.

Weber, Max. Os tipos de dominação. In: WEBER, Max. Economia e Sociedade, Brasília, Editora UnB, 2004.

Maquiavel, Nicolau. O Príncipe. Ha diversas edições.

Sartori, Giovani. A Política, Brasília, Editora UnB 1981

Birkland, Thomas A. An Introduction to the Policy Process, New York, Editora M.E. Sharpe, 2001.

Ortega y Gasset, José. A rebelião das massas, São Paulo, Martins Fontes Editora, 1987.

Pareto, Vilfredo. As elites e o uso da força na sociedade, em Sociologia Política, Amaury de Souza (org.) Rio de Janeiro, Zahar Editores, 1966.

Mosca, Gaetano. A classe dirigente, em Sociologia Política, Amaury de Souza (org.) Rio de Janeiro, Zahar Editores, 1966.

Michels, Robert. As tendências burocráticas das organizações partidárias, Política e Sociedade, volume 2, Fernando Henrique Cardoso & Carlos Estevam Martins (orgs.), Rio de Janeiro, Zahar Editores,1982.

Arendt, Hannah. Sobre a violência, Rio de Janeiro, Editora Civilização Brasileira, 2009.

MacFarlane. L.J. Teoria Política Moderna, Brasília, Editora UnB, 1970.

Schmitter, Philippe C. Reflexões sobre o conceito de política, em Cadernos da UnB, Brasília, Editora UnB.

Weber, Max. A Política como vocação. Ciência e política: duas vocações, São Paulo, Editora Cultrix, 1993.

Para melhor conhecimento da Teoria dos Jogos sugere-se a consulta aos sete seguintes livros:

Von Neumann, John. Theory of Games and Economic Behavior, Princeton, Editora Princeton University, Morgenstern, Oskar, 1944.

Schelling, Thomas. The Strategy of Conflict, Harvard, Harvard University Press, 1981.

Tavares, Jean Max. Teoria dos Jogos, São Paulo, Editora LTC, 2008 (voltado para aplicação empresarial).

Pimentel, Elson L.A. Dilema do Prisioneiro, Belo Horizonte, Fino Traço Editora, 2007.

Binmore, Kenneth. Game Theory a very short introduction, Oxford, Oxford University Press, 2007.

Kuhn, Harold W. (Org.). Classics in Game Theory, Princeton, Princeton University Press, 1997.

Shubick, Martin (Org.). Game Theory and Related Approaches to Social Behaviour, New York, Editora J.Wiley and Sons, 1964.

É aconselhável, também, a leitura de Lutas, Jogos e Debates, de Anatol Rapoport; Governo Comparado, de Samuel Finer; A Utopia, de Thomas Morus; Teorias da Revolução, de A.S. Cohan; O Processo de Decisão Política, de Charles Lindblom; Da Guerra, de Carl von Clausewitz; A Arte da Guerra, de Maquiavel; A Decadência do Ocidente, de Oswald Spengler; O Fim da Ideologia, de Daniel Bell. Todos editados pela Universidade de Brasília.

Na área das Relações Internacionais será útil a leitura das seguintes obras, para aprofundamento dos temas abordados em Os Jogos Do Poder:

Aron, Raymond. Paz e Guerra entre as Nações, Brasília, Editora UnB, 1979.

Deutsch, Karl. Análise das Relações Internacionais, Brasília, Editora UnB, 1978.

Merle, Marcel. Sociologia das Relações Internacionais, Brasília, Editora UnB, 1981.

Carr, Edward. Vinte Anos de Crise: 1919 – 1939, Brasília, Editora UnB.

Brzezinski, Zbigniew. Ideology and Power in Soviet Politics, New York, Editora Praeger, 1962.

Frankel, Joseph. International Relations, Oxford, Oxford University Press, 1976.

Também merecem leitura, do ex Secretário de Estado americano Henry Kissinger A World Restored e o mais recente Diplomacy.

Morgenthau, Hans. Politics Among Nations, New York, Knopf Editores, 1967.

Renouvin, Pierre org. Histoire de la Guerre Froide, Paris, Fayard Editora, 1965.

Fontaine, André. Histoire de la Guerre Froide, Paris, Fayard Editora, 1965.

Wright, Quincy. The Study of International Relations, New York, Appleton Century Crofts Editora, 1958.

Cançado Trindade, Antônio Augusto. Princípios de Direito Internacional Contemporâneo, Brasília, Editora UnB, 1981.

Hass, Ernest B. & Whiting, Allen S. Dynamics of International Relations, New York, Editora Mc Graw Hill, 1956.

Hoffman, Stanley. The State of War: Essays in the Theory and Practice of International Relations, New York, Editora Praeger, 1965.

Frankel, Joseph. The Making of Foreign Policy: An Analysis of Decision Making, New York, Oxford University Press, 1963.

Bull, Hedley. The Control of the Arms Race, New York, Editora Praeger, 1961.

Kahn, Herman. On Thermonuclear War, Princeton, Editora Princeton University Press, 1960.

Também merecem leitura, do ex Secretário de Estado americano Henry Kissinger, os livros A World Restored e o mais recente Diplomacy, além de seus inúmeros artigos.
Para a política brasileira, especificamente, e aconselhável a leitura das seguintes obras:

Faoro, Raymundo. Os donos do poder: formação do patronato político brasileiro, São Paulo, Editora Globo, 2001.

Fausto, Boris. História Concisa do Brasil, São Paulo, Editora Edusp, 2002.

Schwartzman, Simon. Bases do autoritarismo brasileiro.

Carvalho, José Murilo de. Fundamentos da política e da sociedade brasileira. Em AVELAR, Lucia e CINTRA, Antônio Octávio. Sistema Político Brasileiro: uma introdução, São Paulo, Editora Unesp, 2007.

Fleischer, David. Os partidos políticos. In: AVELAR, Lucia; CINTRA, Antonio Octávio. Sistema Político Brasileiro: uma introdução. São Paulo, Editora Unesp, 2007.

Cintra, Antônio Octávio. Presidencialismo e Parlamentarismo: são importantes instituições? Em AVELAR, L.; CINTRA, A.O. (orgs.) Sistema Político Brasileiro: uma introdução. São Paulo, Editora UNESP, 2007.

Hirschman, Albert O. De consumidor a cidadão: atividades privadas e participação na vida pública, São Paulo, Editora Brasiliense, 1993.

Pio, Carlos & Porto, Mauro. Teoria política contemporânea: política e economia segundo os argumentos elitistas, pluralistas e marxistas. Em RUA, M.G. e CARVALHO, M.I. (orgs.) O Estudo da Política Tópicos Selecionados, Brasília, Editora Paralelo 15, 1998.

E aconselhável também consultar a obra do General Golbery do Couto e Silva, Geopolítica do Poder, pela influência de Golbery no processo de 1964, de seu início até a abertura política.

viena | gráfica
Impressão e Acabamento:
www.graficaviena.com.br
Santa Cruz do Rio Pardo - SP